麻木久仁子
田村秀男
田中秀臣

日本建替論

100兆円の余剰資金を動員せよ！

藤原書店

日本建替論　目次

Ⅳ　100兆円の余剰資金を動員せよ！――田村秀男　195

――「大復興・日本再生」をめざして――

日本建替論

１００兆円の余剰資金を動員せよ！

本書Ⅰ～Ⅲは二〇一一年一〇月二七日に行われた鼎談（於・藤原書店催合庵）に大幅に加筆修正したものである。Ⅳ、Ⅴには、鼎談の内容を補足する書き下ろし論考を付した。

はじめに

　普通の人が普通に暮らしていけるための経済成長を願うことが、この国ではいつから〝悪行〟になったのだろうかと思うことがあります。「成長神話からの脱却」という言葉もよく用いられます。デフレが長すぎたせいでしょうか。もう経済成長なんか出来っこない。無理なんだ。これからは金よりも心の豊かさだ、というわけです。あたかも経済成長を考えること＝拝金主義であるかのようです。お金で計れない心の豊かさがあるのは事実ですが、お金がなければイコール心が豊かになるわけでもないでしょうにと、へそまがりの私は思うのです。世の中には「デフレ」と「バブル」のどちらかしかないんでしょうか、と。

　一方で、グローバル化した時代にこれまでのような甘えは通用しないのだ、競争の時代なのだ、勝ち負けは自己責任だという言説も盛んです。ですが、誰かが「勝つ」ことは誰かが「負ける」ことを意味します。経済のパイが縮小し続け、なおかつ再チャレンジの機会も極端に少ない社会でそれを言うならば、「負けたらおしまい、席を譲ったらおしまいだ」とばかりに、全体が不寛容にならざるをえないでしょう。

「経済成長を諦めろ」と「競争社会だ。自己責任だ」。このふたつが同時に言われる時、世の中はどうなっていくのでしょうか。少ないパイを、まさに自己責任で奪い合わされて、負けた者は「心の豊かさ」という言葉のみにて慰められる……そんなことにならなければよいがと、危惧を抱きます。

「ささやかでも穏やかな日常を、のんびり暮らしたい」と思う人もいれば、「リスクを恐れず力の限り挑戦し成功を収めたい」と思う人もいるでしょう。なにが「幸せ」なのかは人それぞれ。能力や環境や体力、運。なににどれほど恵まれるかも、百人いれば百人違います。誰も彼もが自己実現を果たしたり夢を叶えられたりするわけではないけれど、そんななかで、自分が自分なりの生き方をしているように、人もまた、その人なりの生き方をしているのだと互いに受容する。私が「こうであってほしい」と思うのは、そんな世の中です。その土台として、安定した経済成長は、ぜひとも必要であると思うのです。


私は今TBSラジオで「麻木久仁子のニッポン政策研究所」という番組を担当しています。少子高齢化がすすみ、従来の枠組みでは立ち行かなくなる中で、どのような政策転換が必要なのか。毎回、学者や研究者の方に政策の提言をしていただいています。医療、年金、介護などの社会保障、教育、住宅、エネルギー、農業、漁業、そして大震災からの復興。様々な分野の政策について伺いましたが、いつも思うのは、当たり前のことではありますが「ひとつひとつの個別の政策においては、それによって恩恵を得る者と痛みを強いられる者がいる」ということです。たしかに「政策」とはもともとそういうものです。「改革」となればなおさらです。そしてその「痛み」はいわゆる社会的弱者ほど強く大きく被るのが世の常です。ですが、それを「しかたがない」といって片付けてよいのか。到底そうは思えません。個々の政策における痛みを、全体のバランスの中で吸収することを考え抜かなければ、生き馬の目を抜くような世の中になってしまいます。大胆な改革を唱えるのならば、それに伴う痛みに対しより細心の配慮がなければならない。そうでなければ経世済民とは言えません。「不退転の決意」「政治生命を賭ける」とは政治家の決まり文句のようですが、誰がどのように痛みを被るのか、その痛みに対してどう対処するのか、それを徹底的に考えないならば単なるヒロイズムでしょう。

「国民的議論が必要だ」。

これもまたよく言われます。しかし、その議論の対象の多くは、なぜか〝二項対立〟の枠組みを以て現れ、「それ以外の選択肢」「そうではない考え方」がなぜか取り除かれてはいないでしょうか。曰く――中高齢者対若年層。正規雇用対非正規雇用。都市対地方。原発推進対自然エネルギー。増税是か非か財政再建是か非か。

しかし、ちょっと立ち止まって考えてみたいのです。その二項対立というものが、どういう経緯で現れたものであるのか、ということを。議論を二項対立の枠に入れてしまった瞬間、前述したような「勝ち負け」の問題になってしまいはしないでしょうか。どちらが得をし、どちらが損をするか。どちらに痛みを押し付けるか。そういう議論です。これもまた社会をますます不寛容にします。AかBかという二者択一の問いに対しては、どちらを選んでも「選んだのだから自己責任」ということになるでしょう。しかしそもそも選択肢としてCやDはなかったのか。

「二択にしたのは誰ですか？」

そう考えると「国民的議論が必要」という「掛け声」にも用心しなくてはなりません。すでに今、些細な瑕疵や差異をあげつらい、あるいはささやかな成功をさも不当なものであるかのように大仰に言い立て、そこに対立軸を置くような議論が目につきます。自分より大きな果実を手にしているように見える者がいるとき、それを引きずり下ろすことを考えるよりも、より多くの人に果実が渡るような機会をどうすれば生み出すことができるか。そのための議論をするべきなのではないでしょうか。そうでなければ先進国として、民主主義国家として、社会のコアとなるべき〝中間層〟がやせ細ってしまいます。

本当ならば、ゆっくりと、漸進的に世の中をよくしていくことが望ましい。そのために知恵を絞り、安易に物事を白と黒に分けない懐の深さと辛抱強さを持つ。それを本来の〝保守〟なのだとするならば、その意味で、私は「保守主義者」でありたいものだと思いますし、そういう政策を支持したいし、それを見分ける目を持ちたいものだと願っています。現在の日本では、「改革」や「維新」、

「グレートリセット」等々が声高に叫ばれています。停滞した時代に、それらの言葉は壮快に響きます。が、歴史を振り返っても、社会に大きな変動がある時代は大多数の庶民に大いなる苦難を強いた時代でもあったということを思い起こさずにいられません。「イメージとしての歴史」への安易な擬《なぞら》えにも、これまた「ご用心」です。それぞれ細部を見なくては、歴史に学ぶことにはならないでしょう。「もはや漸進的に物事を進める余裕はないのだ、待ったなしだ」とも言われます。しかしそれが「犠牲はつきもの。やむなし」という意味で、しかも為政者の口から出るならば、簡単に首肯するわけにはいきません。

「ではいったい、どうすればいいのか」。

そんなことを考えているときに、この本のお話をいただきました。

田中秀臣さんと田村秀男さん。アカデミズムとジャーナリズムの世界の碩学お二方の教えを請う機会に恵まれたのは幸いでした。

田中秀臣先生とは、実はツイッターでの交流を通じて知遇を得ました。国として経済成長を放棄するなどありえないという立場から、「デフレ克服」のための処方箋を粘り強く訴え続けていらっしゃいますが、なかでも経済政策の歴史に関する知識と分析は非常に興味深いものです。

田村秀男さんとは今回初めてお目にかかることになりましたが、やはり「デフレ克服」とまっとうな経済成長の必要性を具体策とともに主張しておられ、豊富な取材活動に裏打ちされた国際金融ジャーナリストとして、その論説には強い説得力を感じます。

お二方とも、その言論の根本に「人々の暮らし」に対する想像力と共感を強くお持ちの方です。今回、私が抱いていた先述のような問題意識や、なぜ経済成長が今の日本ではまるで悪のように考えられてしまうようになったのかという素朴な疑問にたいしても、実に率直かつわかりやすく答えてくださいました。

昨年三月一一日に起きた東日本大震災以来、この国のさまざまな矛盾や問題点が一挙に表面化したように見えますが、その多くは実は、はるかに前から潜在顕在を別にして存在していたものです。ここへきて動き出した消費税増税論も以前からずっと存在したものです。二〇一〇年の参院選では民主党はそれを言い出したことで敗れたはずなのですが、いつの間にか、まさに震災を「大義名分」とでもするかのように、「経済成長なき増税」が一挙に前面に押し出されてきました。おそらく今後は、そのほか様々な分野における「今までやりたくても出来なかったこと」も、震災を機に今こそと、政策メニューとして次々に登場してくるでしょう。が、それらのなかで、人々の、穏やかでささやかな幸せな暮らしをしたいという気持ちに応える政策とはなにか。それら全ての土台となる「経済」を強化する道筋はあるのか。本書がそれを探る上での一助となれば幸いです。

平成二四年一月二〇日

麻木久仁子

I

デフレ下日本を直撃した東日本大震災

デフレと震災のダブルパンチ

ショックを長く引きずる日本

田中　三・一一の前と後というのは、僕は連続してとらえています。三月一一日、これは機会がある度に言っていることですが、その日僕が一体何をしていたかというと、午前中に国会に行って、勝間和代さんとか、または超党派の国会議員の人たちと一緒に、国会の中に行って陳情していたんですよね。これは何をやっていたかというと、デフレ脱却をともかく実行するための法案整備だとか、実際の政策を政治家の皆さんやってくださいという形で、もうすべての政党を回りました。自民党、民主党、共産党に至るまで。その政策担当の人とお会いして、すごい人数でずらずら行ったんです。

　そのとき、デフレというのが非常に大きい足かせであるということは、共産党の人以外はみんなかなり問題を共有していたという認識だったんですね。それが終わって家に帰って、ほっとしていたら地震に遭遇しました。関係ない話ですけど、たぶん群馬で一番被災しているのは僕の研究室で、いまだに復旧していませんから。

麻木　まだですか？　大変ですね。

田中　本棚が全部倒れちゃった。しかも中途半端に倒れているので、それをどうするか技術的に難しい問題があって、いまだ手つかずです。それはさておき、そういった中で、この午前中にやっていたデフレ脱却という、僕がずっとこの一〇年ぐらい関心を持っていた問題、日本の停滞はなぜ起きたのかということにかかわる問題提起が、ちょっと残念な形で吹っ飛んでしまったんです。

　実際にはこの日本の長期停滞の中で、人によってはもう二〇年以上だと言いますけど、その中でこの三・一一、東日本大震災という大きな経済社会的なショックが起きたことが重要で、言い方を変えれば、以前からある停滞にさらに大きなショックが加わって、日本経済は一段と沈下をしていったと考えています。

　問題なのは、その一時的なショックというのは、回復していけばある意味問題ないんですが、日本はなぜか一回大きく落ち込むと、そのままずるずるその停滞が長引くというのが特徴としてある。それは、例えばリーマンショックのときも同じですね。二〇〇八年九月にリーマンショックが発生して、アメリカやイギリスという発祥地以上に日本の落ち込みは深く、しかも先ほど言ったように三・一一の前までその影響をずっと引きずっていた。具体的には失業率が三%台後半だったのが一時五%台真ん中まで行ってしまい、そういった高い水準がずっと続いていた。若い人たちの生活や雇用状況が、ずっと改善しないまま今に至っています。その中での三・一一だったんですね。

僕としては、簡単に言うとその東日本大震災による経済社会の落ち込みが一時的なショックで終わるんじゃなくて、もう既に一年近く経過していますが、このままずっと長く続くんじゃないかなと心配しています。そういう危機を重ねる中で、長期停滞に陥りやすい体質を、日本経済というのは持っているんじゃないか。しかも当然これは自然現象ではあり得なくて、やはり政策的な要因が大きくかかわっているんじゃないかなというのが、僕の今の大ざっぱな見方ですね。

いきなり「増税」に驚愕

麻木　田村さんは震災の日、何をしていらしたんですか。

田村　その日、たまたま税務署で税の確定申告の手続きをやっていたんです。数値を書き入れながらため息をついていました。私自身ばかりでなく、国民全体の所得が年ごとに減っている。重税感は強くなるばかりだ。日本の慢性デフレは、二〇年デフレと言おうか、一九九八年から始まったとしてももうやはり十数年ですよね。私はもうそれまでにも新聞紙面等で、とにかくデフレを直さない限り日本の財政問題も高齢化問題も、あるいは社会保障の問題も、泥沼にはまったまま抜け出られないな、と。そういうことで、デフレを直すためにどうしたらいいか、とつらつら考えていたら、ドーンと来た。物理的な面では、これまでの人生でかつてない大揺れです。

慌てて外に飛び出し、駅に向かった。携帯は通じない、テレビもない。それでも携帯のワンセグを見たら、もうすごいことになっている。大災害をテーマにしたハリウッド映画どころではない。ああ、これは現実なんだ、もう本当に未曾有の大震災だということがよくわかってきたんですね。余震のたびに逃げ場を探しながら、私は会社まで、四時間ぐらいずっと歩いて戻った。家族とは途中の公衆電話からやっとつながって無事が確認できたから、まずはよし。

歩きながら、ここで考えなきゃいけないのは、抜本的な日本の復興・再生政策だろうと。まずは大規模な財政出動、あとは大胆な金融政策で財政支出の財源を下支えする。有事なのだから、従来の発想を超えた思い切った規模の政策に迅速に踏み切る、それ以外にないだろう。しかも、かくなる上は政治というか、世論のコンセンサスとして、大規模な財政出動の案は当然出てくるだろうと私は思っていたんですよ。

未曾有の災害だけど、この機をとらえて一挙に復興と再生、脱デフレ政策に踏み切るべきだという論陣を張ろうと考えました。

そこで一週間後あたり、被害の甚大さが判明したタイミングを見計らって、新聞紙上で外貨準備なんかを活用して、一〇〇兆円規模の資金を日銀は新たに創出し、政府がそれを使って国家再生復興のファンドにして、成長戦略、復興戦略を立てていくべきだということを書いたんですね。

だけど実際には、まわりの反応が鈍い。膨大な財政赤字を抱えているのに、どうするんだ、という従来の思考にとらわれた見方がメディアの中で多数派という現状です。有事で言わば戦いをしなければならないほどの発想の転換がいるのに、平時の感覚から抜け出られない、まず財布の中身ばかり考える人たちばかりだ。それでも産経新聞のトップは私の意見に同調してくれたので、紙面掲載に問題はない。私の考える政策案実現の障害は政府、つまり菅直人政権（当時）と官僚です。特に財務省と日銀ですね。

間もなく始まった復興構想会議、五百籏頭真議長のところですね。あそこで出てきたのはいきなりもう増税、最初の日から増税なんですね。

麻木　第一回の議事要旨の中には、増税どころか「税」という言葉すら出てこなかったのに、会議後の会見でいきなり五百籏頭さんが仰った。ちょっと驚きました。

田村　後でそのメンバーの知り合いに聞いたら「いや、あれは我々の間では全然議論をしていなかったんだけど、何か財務官僚が裏方を仕切っているわけですよ。その財務官僚が、勝手にああいうふうにしゃべっちゃったんですよ。それでだから、増税が何か当たり前のようになっちゃって」と言っていました。そう言った本人も経済問題というか、財政と経済とか復興をどうするかという意味での見識も何もないわけですよ。そういう人たちが集まって復興を語り合っていたわけです。絵空事のようなことばかり言いあっても、報告書はつくれない。だからそこは事務局の官僚に丸投げする。言わば平時の役所の諮問委員会方式なんですね。官僚は待ってましたとばかり、とにかくいきなり増税と来る。復興構想会議のメンバーは表立って異論もはさまないので、増税案は既成事実化する。以来、現在に至る、何でも増税という路線が敷かれたわけですね。

東日本大震災による被災は第二次大戦で焼け野原になった全国の主要都市、その状況に比べると、東北地方に限定されるけれども、復興・再生の規模や複雑さという点では戦後を上回る面もあるでしょう。脱デフレ、地方の活性化、さらに脱原発依存とエネルギー開発、放射能汚染除去など多くの大きな難題が山積している。これらを凝縮させ一気呵成に解決する日本再生戦略を考え、早急に実行しなければならない。今そこから立ち上がるんだという意味での日本の復興というわけですから、それまでの停滞期のときには何をやってももうだめだと言われているような暗くて後ろ向きの政策の流れが、これで変わりうる。政治もメディアも世論も一変すると、非常にそういう意味で期待したんですけどね。ところが、もう全然そういうふうにはいかずに相変らず増税、何でも増税してしまえと、官邸や霞が関からはまるで悪代官のような発想しか出てこない。財源即ち増税という官僚に政治家、言論人、知識人、いずれの頭脳もからめとられている。

電力料金引き上げも増税と同じ安易な発想によりますね。福島原子力発電所の損害賠償で、東京電力をどうするかということで結局官僚、経済産業省の官僚につくらせたあの賠償のスキームというか、東電のいわば存続、生き残りの枠組みを見ると何のことはない、いろいろ複雑な、いかにももっともらしい仕掛けを書いているけれども、要するにこれは消費者というかユーザーが、我々が電気料金の値上げを受け入れて、それで存続していこうという安直で醜悪な考え方を、頭の良い官僚が巧妙な絵に仕立て上げたのに過ぎない。従来の方式と何ら変わっていないということですね。増税プラス電気料金の値上げですから、ますますもってこれは消費も細っていく。経済の再生どころではなくなる。デフレを加速させ、家計や企業から活力を奪って行く。

自ら悪循環にはまる日本経済

田村　それから最近というか、前から予想されていたことではありますけれども、消費税増税。これは税と社会保障一体改革というところで菅直人政権当時の与謝野馨経済財政担当相が一応まとめて、二〇一二年三月までに確定させようということで、野田さんの政権はそれをそっくり引き継いで動いているわけですね。増税に次ぐ増税ですから、結局デフレ脱却どころではない、むしろデフレを容認している。もっとデフレをひどくしていこうというわけです。

デフレから日本が抜けられない、そんな見通しが強欲な投機ファンドがうごめく国際金融市場で定着するわけです。何が起きるかというと、金融市場では円の値打ちがモノやサービス、設備に対して上がるということですから、おカネは動かず、消費や投資がしぼむ。雇用の機会も細る。代わりに円の金融資産つまり日本国債が買われるということで円高が進み、超円高と言われる異常な円高になっているわけですね。これはグラフで見るとよくわかります(次頁)。円高と共に経済のパイ、

円高とともにＧＤＰが縮小する

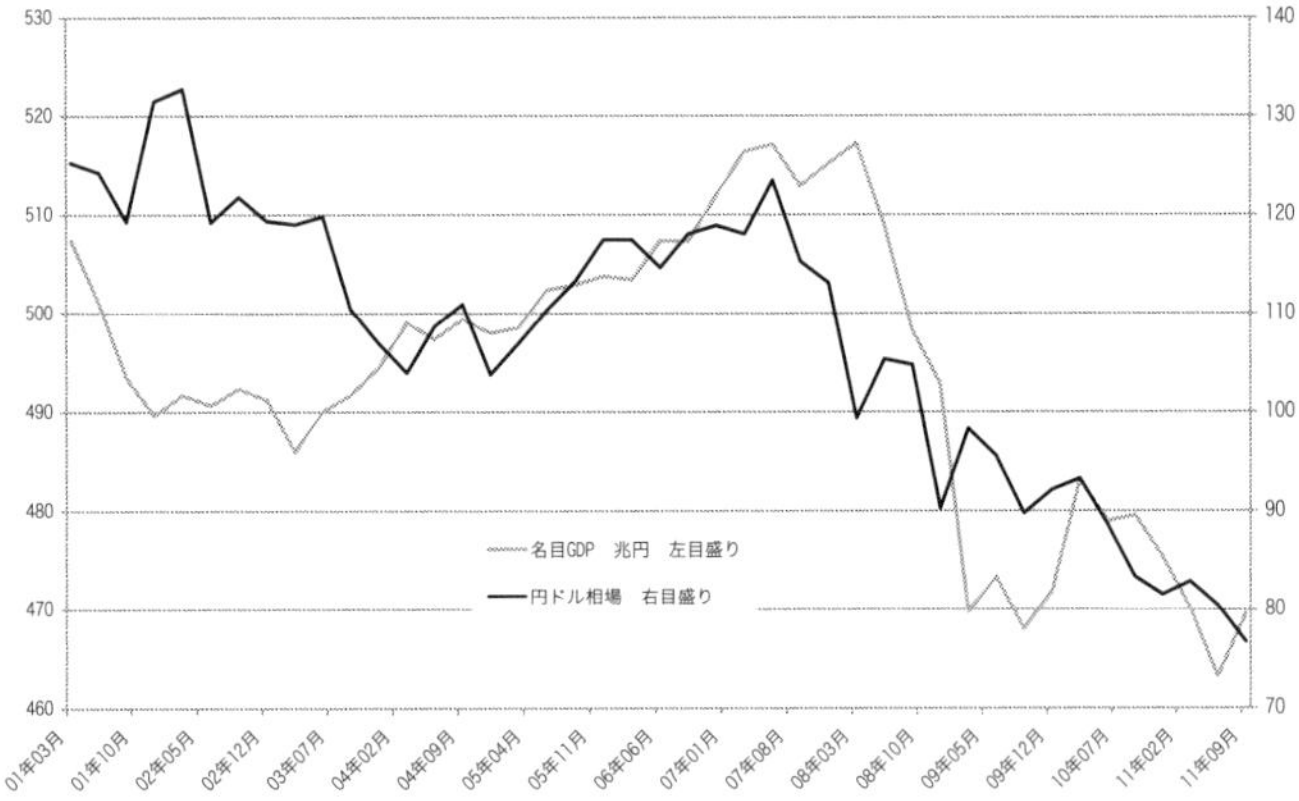

つまり名目のＧＤＰ（国内総生産）縮小が進む。円高とデフレは連動する。つまり、脱デフレと円高是正を同時に達成しないことには、日本の再生は難しい。ところが政府・日銀にはそんな意識に乏しい。

だから、悪循環に自分ではまっていく。政権と官僚が従来思考にとらわれ、これしかない、こうすることが正しいと信じた政策を重ねて行く結果、国と国民を窮地に追いやり、破滅して行く。何というか、ギリシャ悲劇にありそうな筋書きですね。とにかく無謬神話に染まった官僚がこれしかないんだ、これが次善の策だろうということで増税と言い、菅前首相も野田首相も官僚の言う通りにすれば間違いないんだと素朴に信じ切っている。増税を支持する民主党の議員、あるいは自民党の議員もこれしかないんだと、これが今のところベストのシナリオだと考えている。しかし結果として一体だれが貧しくなるかというと、一番の被害者は結局現役世代であり、若者であるわけですね。だって、

円高とともにデフレが進行する

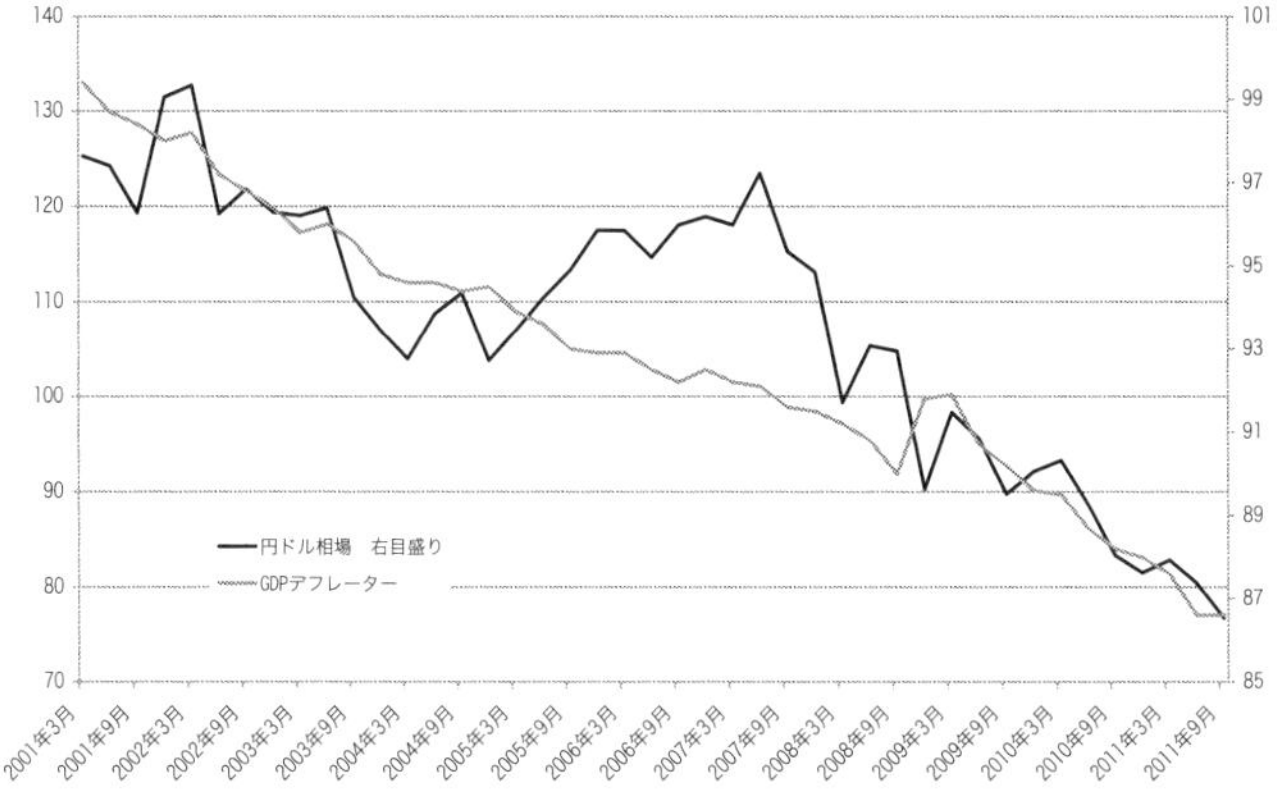

それだけ職の機会も失われていくわけですね。企業のほうはそんな日本から逃げ出せばよいと考え、国内で投資せずにひたすら海外投資する。

だから本当に、この停滞する日本はだれのせいでもないんですね。無能な政治と間違った政策のせいです。グローバル化された金融主導経済ではありますけれども、その中で一番の負け組の道を選んで、しかもそれを変えようともしないという、これが今の日本の政治の姿なんですね。

この閉塞状況を変えていくには本当にどうすればいいんだろうと思って、こちらも呻吟するのですが、結局は田中先生がおっしゃっていたように、政治および政治家を変えていくしかないでしょうね。政策を変えられる力は、今の官僚に頼っても全くだめですよね。だから政治家の考え方、政治家の認識を変えていく。そういう意味で、彼たちに働きかけていくしかない。少数派を多数派に転換させる。おそらく今は、それしかないだろうという気はしていますね。

「経済より人命」の意味するものとは？

麻木　私は今ＴＢＳラジオで「麻木久仁子のニッポン政策研究所」（毎週土曜日朝5時5分から）という番組をやっています。政局の話題はあえて避けて、あくまでも政策。どんな政策を選択すれば良いのか、そのヒントや手がかりを探ろうという趣旨です。農業・漁業改革、エネルギー政策、教育、社会保障制度、医療、住宅。それぞれの分野の専門家の方に来ていただいて、いろいろと政策提言を伺っています。

そして東日本大震災が起こりました。当然、被災地の復興が重要なテーマになってきたわけなのですが、実は復興に必要なことを考えると、多くのことが、震災が起こる前から問題となっていたことと関係しているんですね。もともとあった問題。それをいかに知恵を集めて議論を尽くして改善していくべきかというときに震災がおこって、待ったなしになってしまったんです。やらなくてはならないことは、変わらない。ただ平時の手順で進めていったのでは、もう間に合わない。思い切って発想を転換していかなくてはならない。

ところが、急速な転換には常に痛みが伴います。体質改善に時間をかける時間がなければ外科手術ということになりますが、それに伴う出血はどうするのか、というようなものです。財政状況は厳しく、増税がメインテーマになるほどです。円高はみるみるうちに進んでしまいました。そしてデフレです。これでは出血に見合った輸血が覚束ない。津波で多くの人命が失われ、こつこつと積み重ねてきた財産やキャリアが失われた人々がたくさんいる。原発事故で、生活立て直しの方向を見出すこともままならない人々も大勢います。が、それを支援する経済的力強さがいまの日本にないという。なんの話をしていても、最後はやっぱりお金、予算の話になるんです。

だとするならば、震災の被害を受けなかった地域が、被災地の分も経済をがんがん回して、それを被災地の復興に回していくということが大事になるんだと思うのですが、今の議論は、被災地は大変なのだから、日本全体も我慢しよう、身を縮めようという方向になっています。増税はそういうことですよね。震災後、増税容認という意見が増えたのは、みんな大変なのだから自分も我慢して、担うべきものは担おうという、日本人のとてもいいところの現れだったと思います。エネルギー問題にしても、我々は電気を使いすぎた、そのツケを福島をはじめとする原発立地県の人々に押し付けてしまった。この際、反省してもっと生活を小さくしようじゃないかと。あるとき車の中でラジオを聞いていたら、被災地のニュースの締めの言葉が「経済より人命ですよね」だったんです。みんなで経済成長を目指してきたが、やはり大切なのは人命であり人の絆であり、というような話の流れでした。豊かさを求める生き方が見直しを迫られているという趣旨です。

危機につけ込む人たち

麻木　けれども私はいま、ほんとうにそれだけでいいのかという疑問を持ち始めているんです。「みんなで我慢しよう」というのは耳あたりはよいですね。そして、人としてのモラル意識としてはかくあるべしと、私もそう思います。が、経済というのはどうやって回っていくのだろう。国全体の経済が縮んでいく中で「みんなで我慢」といってしまったとき、余力がある人はそれに耐えられますが、ぎりぎりの土壇場に立っている人はそれを吸収しきれません。結局、弱い人ほど痛みを引き受けることになってしまいます。

そして、よくよく見てみると、「みんなで我慢」という抗いがたい精神論を押し立てながら、そもそも震災前からやりたくてもやれなかったことを、この際やってしまえという人たちが見えてきた。危機につけこんで、なんとかこの危機をともに乗り越えようという人々の気持ちにつけ込んで、ものごとを進めてしまっていいのだろうか。消費税はもともとは直間比率の是正という文脈で説明されてきましたが、やがて社会保障費のためと言い、財政再建のためと言い、被災地復興のためと言って、最近は世代間の公平な負担とも言い始めました。まさにありとあらゆる面において「増税以外に道はないのだ」という感じです。しかし、その痛みが偏らないようにする手だてについてはあまり語られないし、そもそもそれ以外の手段が本当にないのかということは考慮もされないようです。「清貧の思想」やら、「お金より心の豊かさ」だとかやら、ライフスタイルの選択としては大変結構ですが、電気を消してランプで暮らすことを「選択」することと、それ以外の方法がなくてやむなくランプで暮らすこととは全然違うんです。「お金がなくても心が豊か」ということは確かにありますが、それは「お金がないほうが心が豊か」ということではありません。

民主党は「国民の生活が第一」といって政権をとったはずですが、国民の生活にこんなに無頓着な政権もないもんだと驚いています。私、自分のラジオ番組で「とにかく一回民主党に任せてみて、だめだったらまた替えればいいんだし」と言ってしまいました。とんでもないことを言ってしまったと後悔しています。

田中　いや、一回やらせてだめなのはわかったわけだから、替えたほうがいいんじゃないですか。

麻木　いや、もう本当に替えてほしいと思うんだけど、次に政権選択のチャンスが来るまでの間に、まさにばたばたととりかえしのつかないようなことをされてしまいそうな気がして。と言って〝次〟を誰に期待すればよいのか。何だか恐ろしいことになってきたなと感じるんですよ。

関東大震災当時もあった「天譴論」

田中　そうですね、いま麻木さんがおっしゃったような、「豊かな社会を今まで享受してきたことの天罰みたいなのが当たった。だからみんなで反省しよう」と、これは、実は関東大震災のときもすごいブームで、当時の言葉で言うと「天譴論《てんけん》」というくくりで、震災研究では結構有名です。やっぱりその当時の政府も増税をしようと言ったんですよ。増税路線で、さらにデフレ政策をとって、あまり経済が活気を帯びないように誘導するということを、当時の政権の担当者もやっていっていたんですね。

歴史研究を調べてみると大体関東大震災のときは発生から六カ月ぐらいたつと、ほとんど多くのメディアは何も言わなくなるんですよ。話題の中心がずれちゃって。

麻木　わずか六カ月で風化し始めてしまったんですか？

田中　ええ、やっぱり熱しやすく冷めやすいというか。例えば総合雑誌に『中央公論』とか『改造』とかいろいろあったんですが、特集も『改造』が半年後にちょっと大規模な特集を打った程度です。あとはもう当時のほとんどのメディアは、関心が従来の増税対反増税みたいな構造になっていき、そこで争ったんですね、今とほとんど同じですけど。今は放射能の問題があるので、福島に対する関心は相変らず持続していますけど、政策の枠組みの関心が徐々に復興よりも旧来の政策対立にずれていくというのは、今回も以前も全く同じかなと思います。

そのときも一二月に虎ノ門事件という当時の皇太子（後の昭和天皇）を狙ったテロ事件があって、震災の直後に発足していた内閣が、翌年の一月には退陣しているんですよね。非常に今回と似ていますね。政権交代が起こって、それを機会に、やはり震災に対する関心が急速に低下してしまう。それで新しい政権ができて、復興よりも増税という政策がもう前面に出てきますね。最近はＴＰＰ

議論もでてきてますます復興はどこかにふっとんでいき、たしか復興するための増税だったんだけど、復興というものがほとんど目的として表に出てこなくなった。おそらく「復興増税」というのは、復興のためではなく、消費税増税のための導入として官僚たちが利用したんだと思います。

金融政策には「利権」がない

田中　一つ気づいたんですが、震災当初のときはやはりみんなで被災地を救おうということで、世論調査をすると増税歓迎という割合が結構多かったんですよ。八割ぐらいいっていたと思うんですね。いま調査すると、調査によっては半分ぐらい反対も出ているんですよ。

麻木　ほう。「ちょっと待てよ?」という感じですか?

田中　一つには、やはり具体的になってくると、自分の懐のことを考えるとそんなに出せないと。増税ではない、つまり国民の懐がそんなに痛まなくてもいい政策が実際には提起されているにもかかわらず、今の政権はそういったものをとらないで、どちらかというと経済的に落ち込んでいる時期に、さらに落ち込ませるような政策をあえてとりそうな感じですね。

たぶんそれは幾つか理由があって、おそらく官僚とか政治家にとっては、そういった政策をとりやすいんですよね。つまり増税すれば、官僚たちの一部は裁量権が発生するじゃないですか。増えた税収をどういうふうに使おうかとか。例えば「君にだけは特別に減税で、いい思いをさせる」とか。つまり、権限が増えるんですよね。だからそういった増税政策というのは振りやすいし、政治家が官僚におんぶにだっこであるだけじゃなくて、政治家自身だって官僚を通してその裁量権を享受することができるんですよ。だからたぶん、こういった政策に振れやすいんですよ。これは国際的な実証研究でも証明されていて、増税というのは政治家と官僚が既得権を拡大しムダを増やすということです。

日本で今一番望ましいのは金融政策を使うということなんですけど、金融政策ってもう国民全体に幅広く恩恵を施しちゃうので、あまり裁量権の点で政治家や官僚たちに得になる人がいないんですよ。唯一なるのは、いわゆる括弧つきの「為替介入」。今もかなり財務大臣が「為替介入します」と言いますよね。あれは一時的にやっている国営ギャンブルみたいなもので、仕組みから言って為替介入は短期的な効果しかないんですよ。例えば、「円安ドル高」というのは、市場に流通している円の量がドルに比較して少ないケースです。つまり円の量をドルに対して増やしていかないと「円安ドル高」は解消できない。でもいまの「為替介入」だと、せいぜい短期間しかこの円の量が増えない仕組みになってます。

本格的に円の量を増やすには、日本銀行が円の流通量を増やす、つまり金融緩和しないと無理なんですよね。つまり金融政策が変わらない限り、為替レートは変わらないんです。だけどああいうふうに財務大臣が言うと、市場はいよいよ円安介入近しと見て、それに備えて、いろんな市場が動くわけですよね。実際にやるとそれでもうける人たちが市場にも出てくるし、あまり損する人は出てこないと思いますね。そういった形で、みんなが国家のギャンブルでうまい汁を吸うと。だからすぐ為替介入をやったり、または増税政策をやったりする人たちが出てきます。また為替介入は民間の金融機関が政府の代理人として実務を行うので、その点でも利益を得るところがでてきますね。だから震災というものをてこにして甘い汁を吸うような集団が出てきていると。それが野田政権でかなり強まってきて、僕は日本型「クローニー資本主義」が高まっているんじゃないかと思っていますね。ここでいう「クローニー」というのは、「縁故」の意味で、コネをもっている特定の集団だけが既得権益を享受する事実上の汚職の一種をさしますね。つまり政府が生み出すさまざまな既得権を、政府みずからがコネをつかって配分していく経済が一般化する。それぐらい、危機感があります。

なぜ経済政策が「ゼロサム」で見られるのか

麻木　「経済より人の命ですよね」という言い方にはどうも経済イコール欲望の発露とでもいうか、金儲け、身の丈以上の利を求めるというか、株で不労所得、とか。そんなふうに金にこだわるのは、そもそもはしたないというような感覚が潜んでいるように思います。ほんとうは命を守るためにこそ経済があるんだと思うのですが。

「日本では貧困層にカウントされるような年収でもアフリカでは富裕層」とか「ブータンでは経

済ではなく幸福指数の増大を目指しています」とか「江戸時代に学べ」とかいろいろ出てきました。でもここはアフリカではありませんしね。ブータンはインドと中国という大国に挟まれた人口六〇万人の小国として、独自性を守り国民の一体化をはかる手段として幸福度という概念を選択しています。少数派民族への迫害を伴うという負の面もあります。江戸時代。私は時代劇大好きですけれど。飢饉のたびに膨大な餓死者が出る時代です。

なにかこう、すでに経済成長の果実を享受した世代が、これからの若い世代に向かって、それぞれ事情や背景が違う例をつまみ食いのように持ち出して「心が大切」とお説教を垂れるというのは、いかがなものなんだろうかと思いますねえ。結局それでどうなるのかといえば社会から疎外されていると感じたり、割を食っていると感じる人たちは「既得権益層を打ち破るためにはグレートリセットしかない」という声に惹かれていきますよね。もう、バン！とひっくり返してくれという。経済政策の議論もゼロサムみたいなことになってしまう。なんにつけても二者択一や二項対立の構図に落とし込まれます。〝ずばっ〟と〝すかっ〟とするのはどっち、という話になってしまって、「緩やかに成長することで痛みを緩和しながら、ゆるやかに変革しましょう」なんて生温くてウケないですね。

日本だけが沈んでゆく

田村　「最小不幸社会」と言ったのは前首相の菅直人さんでしたよね。だけど国家としての日本がたどってきた道は、近代の資本主義がスタートして以来、自由な経済行動によって中間層がどんどん形成されて、より多くの人が幸せになっていくという、こちらの方なんですよね。所得も生産も縮小するデフレ経済のもとでは、当然のように落ちこぼれる人もいっぱい出てくるけれども、経済の根幹部分に目を向けない。とにかくセーフティネットで支えていけばいいんでしょうと安易に考える。中間層の崩壊を食い止めるのに必要な経済のパイを大きくせずに、細るパイを削って再配分することしか考えない。だから税率も上げて、それで何かみんなで負担しましょうと。どうしてもそういう縮み志向になっているんです。そういう意味で菅さんの言った言葉は、日本にある「停滞の思想」あるいは「清貧の思想」みたいなものを反映しているのかなと思います。

麻木　世論の中にそれを受け入れる素地があると思って言っているのでしょうね。もちろん。

田村　だけど世界は、全部やはり成長がなきゃいけないんだと思ってきている。マックス・ウェーバーが『プロテスタンティズムの倫理と資本主義の精神』でプロテスタントの倹約精神が底流にあると説いた欧米流資本主義も、利得の集合である経済成長を正当化している。共産党支配のお隣の中国に至っては、いまだに狂ったようにお札も刷って、欲得ずくの投資もして、高度成長し、中間層を拡大しているじゃないですか。中国は内部的に問題が非常に大きい国ですけど、国として見ると、おカネで表される経済規模を膨らませている。国家間の競争を名目国内総生産（GDP）で表すと、中国は縮む日本をどんどん沈ませている。経済規模は当然のように軍事力に結びつきますから、アメリカが一番気にする国は今や中国になってしまった。ブッシュ政権当時の国務長官だったコンドリーサ・ライス女史はその回想録で、停滞を続ける日本を訪問するのが憂鬱になったと吐露している。いろんな意味で日本の停滞がどうしても外交とか安全保障の世界にまで及んでいくわけですね。オバマ政権は安全保障面で対中国包囲網の形成に乗り出したようだが、萎縮し続ける日本をアメリカはパートナーとして頼りにできないとの思いを強くし、日本抜きで中国と対峙していくでしょう。

高齢者にとっては「清貧の思想」でも、それはもういいですよと。お年寄りは――って人のことは言えないけど――「清貧」で大いに結構なんです。だって、それはもう細胞分裂も活発化しないですから。たくさん食べることも必要ないんですよ。極端に言えば、住まいも方丈の庵でよいのです。だけど現役世代やこれからの時代を担う世代にそれを押し付けるのは、ナンセンスですね。

麻木　もう自分たちはいいんですよ、と？

田村　だったらもらう年金も減らして、ちゃんと若い人の負担が軽くなるようにやんなさいよと。それで言う「清貧の思想」なら、僕は非常に結構なことだと思うんですよ。ところがもう自分はぬくぬくとして――奥さんと、今度は世界一周の船に乗ろうとかね。僕の知り合いにもいっぱいいるんですよ。一千万円かかって行くんだよと。

麻木 ええっ。それはすごいですね。

田村 官僚や大企業の幹部をやめたような人たちが、そうなんです。私はそれを聞いて、もう本当にあんたがたね、日本の将来を支える人たちが今こんなに苦しんでいるのにね、そういうことでぬくぬくとしていいのか、と思わず言いかけたけど、じゃあ私はどうなんだと、逆に突っ込まれそうで、言いよどみました。個人うんぬんというよりも、国のシステム、設計が狂っている。

今の日本の路線は、もっと成長して豊かになるんだ、子は親の暮らしよりよくするんだという世界的な潮流から、すごくズレが生じちゃっているわけですよね。日本だけが、どんどん沈んでいく。

麻木 そのことに、みんなあまり危機を感じないでいるのが不思議なんです。特に、政策にかかわっている人が。

田村 日本国および日本人は、いくら円高になっても、名目の所得や家計が自由に使える可処分所得が物価下落以上の速度で細るデフレの下では豊かにはなりようがないんですよ。

「元気を出せ」という精神論は無意味

田村 もう一つ言うと、若い人の多くはますます海外に行くことすら嫌がっている。だって、アニマル・スピリッツ（血気）が萎えてしまっているのです。デフレ下では挑戦する機会が乏しい。

そんな時代環境が作用しています。日本はまだ高度成長期のころなんかは、何でも見てやろうと、お金がなくてもどんどん好奇心いっぱいでみんな海外に行ったわけですけど、今は親のすねにかじりついたりしている。それは無理からぬところがある。だから、若者たちは立ち上がって、政治を変えろ、政策を転換しろ、制度を改めよ、ともっともっと主張、抗議してよい。

麻木 私が若い頃は、バブルでしたから。まあ浮かれていた時代と言えばその通りですし、地価や株価の高騰に踊らされて様々な不幸が生まれた時代でもあるんですが、その余剰が徒手空拳の若者にチャンスを与えたり、後のことを考えずに好奇心の赴くままに行動することを許してくれた時代でもありますよね。時代の恩恵というのがあった。いまとは違います。必死の思いの中にもどこか楽観がないと、そうそう人は冒険できないんじゃないですかねえ。いっちょう何かやってみよう、なんとかなるさと思わないと。

田村 亡くなったアップル・コンピュータのスティーブ・ジョブズがね、「ステイ・ハングリー、ステイ・フーリッシュ」と言った。絶えずハングリーでいろと、と。そういうスピリッツで、ああいうアップルの技術革新というのか、経済というよりも社会•文化的な意味での大変なイノベーションを起こした人です。そんなリーダーがいれば、若い人に血気がみなぎるわけですよ。そういう人たちを目の前にして、だからおまえはもっとやれ、行こうじゃないかと、現状維持じゃだめなんだと、ジョブズは言わば扇動したわけです。

ジョブズ後の世界には成長の物語を体現する指導者が見当たらない。彼の死と相前後して、ニューヨーク・ウォール街で始まった若者による金融資本への抗議デモが全世界に広がるのは決して偶然ではないでしょう。ウォール街でのデモはそれでも、若者たちがよりよい明日に向けて強い期待を抱いている。だから激するのです。

デフレ不況の日本というのは、ジョブズのような創業者が登場しにくい、そういう若者が育たない、ということを意味するんですね。

私は、精神論で若者に元気を出せと言ったって意味がないと思っているんですね。それはやはり政策によって、経済そのものを成長の基盤に乗せなきゃいけないと思うんです。例えば一九九二年から日本の名目成長率が四%で続いたと仮定したら、今GDPは名目規模で二倍以上、約九九〇兆円になっています。名目成長率四%というのは、これはアメリカなんかでも普通なんですよ。日本だけゼロ成長ですから、二〇一〇年で四八〇兆円ぐらいにとどまるわけです。ところが世界の経済というのは全部名目で動いているわけでしょう。GDP、中国に経済のサイズが二〇一〇年に抜かれたと言っているのは、これは名目の話です。私はこの名目成長と経済のパイを縮ませていったという日本のこれまでの政策は、それこそ政治家と、それからそれを支えている官僚の人たちの大変な重罪だと思います。

麻木　グラフで見たら明らかなのに、なぜそこが論点にならないのかがわからない。政策に直接かかわるような人たちばかりでなく、いわゆるインテリ層の人たちも、それを精神論で支えちゃっているように見えます。「そうよ、心の豊かさが大切」とかって言い出しちゃう。これは何なんだというのが、私はどうしてもわからないんです。

田村　中高年齢層というか、我々の世代なんかは心の豊かさがある程度というか、かなりあるんですよ。だってそれは年金ももらえるという、だからいろんな面でゆとりもがるんですよ。精神的にね。ところが今の若い人たちは、じゃあいま年金をどんどん負担させられて、それで六〇歳を超えて見通しがあるかというとないかもしれない。しかも、新卒者がいい職業に、より高い給料にありつくというか、そのチャンスが彼たちにあるのか。これは、極めて少ないですよね。その人たちに幾ら頑張れと言ったって、若い人はしらけるでしょうね。

麻木　少なからぬ若い人が、本一冊を買うのにも、映画一本観るのにも悩むような状態では……。

ゼロ成長二〇年という異常事態

田村　経済政策というのは本来、カネを動かし、民間の人材、人的資源を生かすことなんです。経済政策をつかさどる政府あるいは政治の指導者が、政治家の責務として当たり前の成長政策を国にとらせる。ゼロ成長がずっとこの二〇年近く続くという国は、いま世界のどこにありますか。ヨーロッパだって、名目成長率でいっても三〜四%ぐらい伸びているわけですよ。平均したらね。アメリカだってそうですよ。政治家の多数がこの異常さに、なぜ気がつかないんだといらだちを覚えますね。

田中　そうですね。二〇年間ぐらい、経済の大きさは全く変わらないと。名目GDPの成長率がほぼ〇％ですから。でも、最近は人口が多少減っているけど、二〇年前と今を比べると人口が大体百数十万人増えているんですよ。ということは一人当たりの名目GDP、つまり一人当たりのふところの中身も下がっているんですよね。同じじゃなくて、下がっていますよ。このままほっとくと、全体の大きさで中国には抜かれたけど、一人当たりの生活水準でも、例えば近くの韓国とか台湾に、たぶん一〇年以内に軽く抜かれますね。

麻木　それは怖い話ですね。韓国や中国が頑張って追いついてくる、ということ自体は良いことでしょうが、日本が下がった結果、追い越される、となると。それは差し迫っているということですか？

田中　実際に最近海外に行ってみると、やはり韓国や中国系の若い旅行者が多いですよ。例えば韓国の人たちなんかは、海外旅行に行くと非常に着飾るじゃないですか。バブルのときの日本の観光客と同じですよ。日本の若い人は、ほとんどいないですよね。いるかなと思っても大体中国系の人たちで、あとまた韓国の人たち。

麻木　いま青山とか銀座とか、そういう街におしゃれな人が減ったと言いますね。

田中　減りました。僕も一応若いころがあったんですが（笑）、そのころは、やはりこうみんな海外に買物に行くとか、卒業旅行なんかもごく当たり前みたいにやっていたんだけど。

麻木 街に出るときはせいいっぱいおしゃれして。何を着ようか悩んで。時代を象徴するような、とんがったファッションを身にまとう人たちに憧れて。

田中 そう、そういう感じですよね。僕たちの若いころは、日本の女性がきれいになった時代ですよ、明らかに。今は、どちらかというとくすんできていますね。そんなことを言うと、卵投げられちゃいますけど。若い男は特に、海外をふらふらなんかしてないですね。昔はバックパッカー族というのがはやっていて、ちょっと僕たちより世代が前ですけど、沢木耕太郎さんが『深夜特急』って書いたじゃないですか。実は僕もバックパッカー族で、大学を留年しているんですよ。今そういうのは死滅していますよ、日本人は。

麻木 今となっては、汚い格好をして、バックパッカーで外へ出るって、それこそぜいたく、というか余裕あるなあと言われそうですね。

田中 先ほどおっしゃったように、時間を無駄に使っても後でどうにかなるやという社会的なゆとりがあったんですよね。今はそういうのはないですよ。逆にそんなことやっちゃうと本当に道を踏み外しちゃって、ずっと非正規雇用で所得の低いまま続いていくと。

「無駄な勉強」の余裕がない

麻木 今の大学生は、よく勉強していますよね。なんだかんだ言っても、おおむね真面目です。

授業中、話が脱線したり、ましてや休講になったりすると、「ちゃんとやってくれ」と学生からしかられるそうで。「大学のレジャーランド化」などと揶揄された時代とはずいぶん違うようですね。出欠もちゃんと取って、成績は保護者に連絡が行く、と。

田村　今の大学生は、勉強しているといっても、資格を取るために一生懸命やっている。実学的なんですよ。私たちの世代は学生運動もありましたけど、要するに無駄な勉強をしたんですよね。僕は経済学をやっていたことにはなっていますけど、盛んに読んだのは文学であり、哲学であり、もうおよそ経済学とは無縁なところばかりやって。それで試験のときはしょうがないから、経済のことにまた立ち戻るんですけど。それだけ「何とかなるさ」というのがあるものだから、何もそんな公認会計士を目指さなきゃいけないとか、フィナンシャルプランナーを目指さなきゃいけないとか、考える必要がなかったし、そんな気にはならない。

麻木　うーん。若いときは寄り道、回り道も許される、それこそが若さの特権じゃないかとも思うんですが。

田村　それはね、就職の機会は何とかなるという、こちらもそういう確信があるわけですよ。よっぽど何かどうにもならなきゃしょうがないけど、そこそこの成績でもとっておけばおそらくどこか行けるだろうというのがあるから、だから割と安心してほかのことをいろいろやってみたりということですよね。

だから今の人、若い学生なんか見ていれば本当に気の毒で。とにかくもう会計士の試験に受からなきゃいけないとか、簿記で資格をとるとか、そうでないと気が休まらない。せっかく若くて柔軟な頭を養う機会が与えられているのに、理論というか、物事を抽象化して全体像をつかみ、ジグソーパズルのようにパーツ、パーツを再構成することではなく、知的エネルギーをひたすら細部だけ、実務習得に向けて費やしている。

麻木 勉学のみならず、ボランティアやら何やら。何をするにつけても履歴書にどう書き込めるかを、常に頭のどこかに意識していないといけないような。

田中 そうそう、僕は勤務先の大学で一五年間就職委員ですが、お世辞にも就職意欲の高い大学生が多い大学じゃないので、一から教えるとなると非常に大変ですよ。いまの学生はまじめなのでみんな教えると熱心にやってもらえるんですが、景気が悪いのでそれが成果として結実しない。とても残酷なことです。この一五年間を見てみると、やはり公務員になりたいという人が多いですよね。それはもうほかの大学でも全部そうなので。つまり、どちらかというと安定だけを求める志向がすごく強まっています。また授業なんかやると、最近の経済ニュースで何か関心を持っているのは何かというと、僕なんか信じられないけど「年金」なんですよ、みんな。

麻木 ええっ。そうなんですか?

田中 だって僕らが一〇代後半とか二〇代の時に、年金のことなんか全く考えなかったですよね。

麻木 考えない、考えない。だから私は後になって、「まずい、私、年金の未納がある」と思いましたから。後先も考えずに家を飛び出したときには、そんなこと考えてもいないから。「先のこと」

といえば、来月の家賃のことばかり考えてました。

田中　まさに僕も社会人終わって大学院に戻ったとき、国民年金に切りかえたんですよ。結構一年ぐらいブランクがあるんですよ。どうでもいいやと思っていて。そのとき二〇代後半ぐらいだったんだけど、まだそのときでも年金というのは、バブルの時代だったんですけど、あまり考えなかったですよね。今はともかく年金に対する関心が高くて、「どうしてなんだ？」というと、やはり年金をもらえないのが心配である、と。「でも、二〇代の君だったらもらえるのはもう三十数年後で、確かにもらえないかもしれないけど、そもそも生きているか。そのイメージはどうなんだ」と。年とった自分のイメージを持てるのかというと、何かやっぱり持てちゃうんです。今ある社会の延長上でイメージを持ってしまうんですよね。僕たち若いときは、自分でもどうなるかわからないし、社会もどうなっているかわからないというのが真っ先に来たんだけど、今の人たちは今ある社会の延長上で考えてしまうんですよね。

あとちなみに、金利なんかもずっとゼロ近いじゃないですか。銀行には、ただ泥棒に取られないためにお金を預けているだけという発想になっている。

麻木　貸金庫みたいなものですねえ。

田中　貸金庫になっちゃっている、みんな。金利が一〇％近いといった時代など全く経験していない。授業をやるときも大変ですよ。学生に「金利が二〜三％」とか言うとぽかんとしちゃってね、金利って何だという感じですよね。

麻木　想像つかないというか、ピンとこないでしょうね。

田中　今、ゼロに等しいですから。だから、デフレというか、特殊な長期停滞の申し子として育っていますね。これは、実は若い人たちを過度にリスク回避をしていると思います。

麻木　でも、それ、当然だと思うんですよ、個々人が、時代にどう対応していこうかと考えるならば。

リスク回避性向からは簡単に抜け出せない

田中　これは研究もあって、大恐慌のときアメリカで生まれた人たち、つまり戦後のベビーブーマー世代の親に当たる人たちというのは、非常にリスクを回避するという調査結果が出ているんですよ。そして、その傾向は景気がよくなってもなかなか変わることなく一生続く、と。つまりこの二〇年間で新しく生まれて、この長期停滞のなかで若い時代を過ごした人たちは、景気がよくなってもすぐ改めないで、ずっとリスク回避の人生を送りかねないという。

麻木　仮に景気が回復しても、それでただちに「チャレンジの世代」とはならないかもしれない。タイムラグもあるということですね。

田中　だから本当に停滞が続けば続くほど、後の始末が深刻なんですよね。

麻木　身についた生き方や価値観は、そうそう変えられないものかも知れませんねえ。

田中　そう、生き方を変えろというのはなかなか難しい。中には、景気がよくなれば少しリスクを冒して起業するという人も出るかもしれないけれども、なかなかそれが育ちにくいというのは、その時期に生まれた人たちがどのぐらい経営者になっているかとかそういうのを調べると、もう歴然とした差が出ちゃうんですね。景気がいいときに若い時代を過ごした人に比べると、やはり数が少ない。日本も、これからそうなる可能性が。

実際にホリエモンとかＩＴバブルの申し子っていましたよね。あの人たちとその前後ぐらいじゃないですか。僕の世代でも、親の家業を継ぐとか、元からある資産を受け継いで何か事業をやる人たちというのは結構いたけど、僕の世代やＩＴバブルの申し子といわれている世代の後の人たちでは、もう全然何か、新しい芽というのは出てこないじゃないですか。やっぱり旧来からいる人たちが、いまだにずっと発言している。

これはちょっと関係ないですけど、論壇もそうですよね。やはり高年齢化しています。昔からいる人たちがずっと発言している。新しい人たちが、なかなかチャンスを与えられない。そういう仕組みに、もうなってきちゃっているんですよね。これは本当に長く続けば続くほど深刻で、さっき言いましたように震災やリーマンショックで一気に落ち込んで、それが大変だというのはだれでも言えるんですよね。問題なのは、それがずっと持続してしまうことの方で、それにだれも気づかないし、また恐ろしいことなんですよね。これをどうにかしなきゃいけないというのは、ずっとこの十数年ぼくの課題なんです。

あと、関東大震災のときも、先ほど言ったように経済を回さなきゃいけないという人は、特に文化関係で自粛なんかすべきじゃないと言った人がいました。それは慶應義塾大学教授（のち塾長）の小泉信三です。彼は初めは震災の被災調査をするわけです。当時はまだ失業調査だとか被災民調査という手法も確立していなくて、しかも首都がやられちゃっているんで、もう行き当たりばったりなんですよ。小泉信三も初めはその被災民の調査をやっていたんですが、そのうち考えを変えて、こういった実証的な調査はほかにもやっている人がいるので、自分はこの時期だからこそ文化のあり方をもっと評価したいと。そういうことで、例えば歌舞伎の振興だとか、あと慶應は当時テニス部とか力を入れているんですけど、テニスの振興とか。そういうスポーツや文化活動の重要性を強調して、それを当時の総合雑誌なんかでも、震災で自粛するんじゃなくて、経済を回すために、今こんな無駄に見えるような消費こそ重要であるということを彼は言ったんですよね。

そういった見方は今も重要で、さすがに最近は、文化シーンを見ると自粛ムードは解除されていっているんですけど、意外や意外、若い人に聞くと、あまりはしゃぎ過ぎるのはいかがなものかということを言う人もいます。「田中先生はアイドルと一緒に何かやっているけど、そういうのはあまりはしゃぎ過ぎなんじゃないですか」って。

麻木　元々「はしゃぐと損する時代」というのが刷り込まれているところに、震災があって。先の見えない不安な時代、用心に用心を重ねて生きていかなくては身を守れないという皮膚感覚は強化されたかもしれませんね。

田中　そうですね。だからもう「今の若い者は……」というんじゃなくて、逆に若い人から挑戦されているって気もしますよね。おまえのそういう倫理観は、一体何なのかとかね。説教される、逆説教。

麻木　なるほど。

田中　そういう状況も生まれていますね、実際に。大学院なんかで教えると、そういうリアクションがありますから。

「増税」という愚策――官僚の論理を超えて

「復興構想会議」の現実認識

麻木　肝心の震災復興ですが。「復興」って何なのというイメージが、正直、未だに伝わってこないんです。例えば先ほど話に出た復興構想会議も、ビッグネームは確かに並んでいたんですけど、復興って何を指しているのかが私にはさっぱりわからない。いまだにわからないんですよね。「復旧」と「復興」の概念の違いがわからない。日本全体の経済の建て直しと、被災地の経済の建て直しを、どうリンクさせていくのか、その工程がわからない。

田村　復興構想会議の提言を読むと、デフレという言葉が出てこないんですよ。

麻木　ああ。出てきませんね。

田中　インフレは出てきます。

麻木　インフレは、どういう形で出てくるんですか。

田中　物がなくなっちゃうので、物価が高騰する、と。そこで言っている物価というのは平均物価じゃなくて、個々のサービスや物の価格の高騰を言っているんだけど。そういった方、つまりインフレ懸念の方が今後高まるだろうというのがベースにあって、インフレを抑制するためにも増税は必要だというのが出てきているんですよ。これは、復興構想会議というのは二層構造になっていて、ビッグネームが集まっているのは会議本体ですが、下に部会があるんですよ。その部会は、例えば経済政策を扱うところとかがあって、それはまた違う人たちが入っているんですね。どちらかというと、そこが注意点なんですよ。復興構想会議はビッグネーム過ぎちゃって、官僚のコントロールが効かなくて、内舘牧子さんとか梅原猛さんとか、官僚の思惑どおりいかないわけですよね。自分で言いたいことを言いますから、彼らは。だから二階の下の方で官僚がコントロール効くような人たちを集めて実務面から仕切って、上の階のいうことを聞かない人たちを黙らせていく。「実務の細かいところはわかりませんから」と上の階のえらい人たちも妙にものわかりいいことをいいますが、実はその「実務の細かいところ」こそがこの会議で最も政府も官僚も決めてもらいたいところで、あとは単なる有名人の顔見世的な意味しかない。

麻木　あと、精神論ですね。

田中　そう、精神論しか言わない。専門家じゃないですから。

田村　だから、書き物は全部官僚が書いちゃうんですすよ。特に、財務官僚がやっぱり作文を書いちゃうんですね。それがだからそのまま、提言としてまとめられていくわけです。

デフレの言葉がほとんど出ないのは、復興構想会議提言ばかりでなく消費税引き上げをうたった「税と社会保障一体改革」の提言そのものもそうです。官僚主導の政府の致命的欠陥です。だから出発点が増税で終着点も増税となる。これら政府関係の提言は日本再生の思想がない、言わば官僚流虚無主義に満ちています。虚無主義とは一種の破壊主義です。人を壊し、最後に国家を壊す。デフレ不況のどん底で、しかも未曾有の大震災と原発事故による大災厄の荒れ野から復興するかというときの、出発点と到達目標に対する認識に全く現実感覚がないわけです。今もう十何年もデフレで、ずっと日本経済は停滞に停滞を重ねて、例えばリーマンショック前の二〇〇七年に比べてGDPが四〇兆円減っているとか、そういうことの認識すら、菅、野田両政権にないわけです。

麻木　そもそも、とても厳しい経済状況だったところに震災が襲った。

田村　だからデフレという、底なしの泥沼の中でどんと起きたわけですから、このデフレごと直していくという発想がなきゃいけないんです。

麻木　なぜそういう発想がないのかというのが、どうにも理解できないんですよ。

田村　愕然とした思いで、僕は復興構想会議や税・社会保障改革の提言を読んだ記憶があります。とにかく、はっきり言えばこれら官僚が人選した諮問会議はそれほど浮き世離れした人の集まりなんでしょう。身分も地位も収入も保証されている人たちばかりです。少なくとも、経済学者であれば、増税でデフレを解決できるのか、きちんと答えるべきですが、そうした職業人としての学者の責務を忘れているようにしか思えません。エール大学の浜田宏一教授は「まるで災害という傷を負った子供に重荷を持たせ、将来治ったら軽くするといっているに等しい」と復興増税を厳しく批判していますが、国内の有力な大学の経済学教授は逆に増税すべきという署名活動までしている。

麻木　浮き世離れですか。でも「復興」といい「経済」といい、そもそも「浮き世」をどうするかということだと思うんですけど。

田中　浮き世離れなんですけど、さっきの二層構造の下部組織は、もうやる気満々の増税路線で固めようという感じで。先ほど言ったようにインフレ懸念を抑制するためにこそ増税が必要だというのが、その提言の核ですから。

麻木　それは、本気でインフレを心配しているんですか。

田中　本気ですよ。そう書いてありますから。

麻木　それは要するに「増税ありき」で、増税するためにはインフレ懸念と言った方がいいから半ば方便でそう言っているのか。それとも本気でいつインフレになるかわからないと恐れて言っているのか。どっちなんですか。私ね、それがわからないんです。

田中　いや、本当に僕の知り合いも高級官僚いっぱいいますけど、その中では日本のことを考えている人もいますよ。だけど今回僕が目撃したシーンというのは、東日本大震災が起こって、彼らはすごく喜びましたよ、率直に言って。だって、今こそ自分の権限が増やせるから。財政規模が膨らめば、当然自分たちのやる仕事が増えるじゃないですか。

増税の論理

麻木　ただ、今こんなデフレの中で増税すれば、経済が収縮して逆に税収が減ってしまうことも考えられますよね。金の卵を産むガチョウをやせ細らせていくことになるかもしれない。一〇個卵を産むものが、もう八個とか六個しか産まなくなっちゃったら、「裁量」はむしろ減るんじゃないかって。官僚がのびのび裁量権をふるおうと思うなら、インフレで景気いい方がばらまくものが増えるでしょうに、と。税収が減ったら官僚にとっても都合悪いでしょう？　違うんですか？

田村　ところが、増税を言っている学者もみんなそうですけど、要するに増税をすれば、税率の上がった分だけちゃんと税収が入るという前提になっているんですよ。

麻木　そのあたりの理屈がわからない。

田村　それからそれを前提にして、もう一つの前提は、増税によって税収が増えるでしょう。増えた分を復興投資に回せば、その分だけ景気がよくなると言っているんですね。これは経済学では、財政均衡乗数の定理とか言うんです。

田中　ええ。

田村　これをだから東大の伊藤元重さんが、日本総研の理事長かなんかやっている、巻頭言でそれを書いている。財政均衡乗数の定理からすれば、だから増税した分をそのまま財政支出すれば、景気がその分だけよくなりますと書いているわけです。

麻木　震災の前ですが、菅さんに担がれて華々しく出てきた大阪大学の小野善康教授も、似たようなことおっしゃっていました。同じ理屈ですよね？

田村　増税しても、それで増えた税収を財政出動に回せば、景気がその分だけよくなる、と。

麻木　私はある番組に出演したとき直接お目にかかって、ほんの一〇分間ほどですが「どうしてそうなるのか」伺ってみました。小野先生は、何かとても熱心に説明して下さったんですが、さっぱり理屈がわからなかったんです。

田中　わからないですよ。僕もね。

麻木　経済ってなんて難しいんだろう、私にはさっぱりわからない、と。

田中　難しくないです、間違いですから。

麻木　何度聞いてもわかりませんでした。

田中　小野さんは、いい人ですよね。キャラクターは。

麻木　いや、正義漢でいらっしゃるという感じはしましたよ。何かものすごい切迫した感じでした。この国のために、この説を広めなくては、と。

田中　小野さんはそういう官僚の威厳とは無縁に、まさに自分の小野理論というものでやっているんですよ。ただ、小野理論を認めているのは、世界で小野さんだけしかいないので。残念ながら。

麻木　でも今、経済社会総合研究所の所長さんですよね。内閣府の機関です。

田中　だから危ないですよね。自分だけの理論を応用しようとしていて。さっきの均衡予算乗数の話も、小野理論も似たり寄ったりなんですけど。でもね、理論はいろんな理論が可能なので。

麻木　理論どおりに動かない？

田中　ええ。実際を見てみなきゃいけないですね。小野さんの発言を見てみると、彼は現実認識の点で間違っている。例えば一九九七年も九八年も増税したじゃないですか。途中でやめましたけど。でも、結局税率を上げたままですから。その結果どうなったかというと、小野さんの認識では、それで失業率が改善したというんですよね。つまり増税して、それを使った政府支出で結局失業率が下がったじゃないかというのが、彼の認識なんです。

ところが簡単にデータを見ても、明らかに一九九七年、一九九八年以降失業率が増加しちゃっているんですよ。それは結局二〇〇二年、二〇〇三年ぐらいにならないと低下しないんですよね。どんどん累増しているんです。

麻木　だけど、失業率というのは、一定の計算方法で算出しているのでしょう？　計算式が違うんですか、小野先生と。

田中　同じです。だから彼は、もう少し現実を知るべきだと思うんですよね。

麻木　でも失業率なんて、発表しているじゃないですか。

田中　だからそれ、よく見ないの。小野さんは実際にそう発言しているんですよ。つまり現実に疎いから。特に菅政権ができたころ、参議院選挙でしたか、あのころ積極的にテレビに出ていましたよね。

麻木　その一連の流れで、同じ番組に同席して、お話うかがったんです。

田中　たまたまうちの嫁さんがそれを見ていて。僕は小野さんだから見なくていいやと思っていたら、嫁さんが「変なこと言っているよ。『増税すると景気がよくなる』って言っているよ」と。「あ、間違いだから信じないように」って。だれでも思った。だから小野さんが出れば出るほど、たぶん一般の人は、一体この政権は何をやろうとしているのかわからなくなったと思うんですよね。

「税収」よりも「税率」が大事

麻木　さっきの質問にもう一回戻るのですが、官僚の人たちは、小野理論を信じているのですか？　それとも、ひとつの方便として使っているのですか？

田中　どちらかというと、彼らは「税収」じゃなくて「税率」を上げるというのが目的なんですよ。

麻木　え？　税収を上げるのが目的じゃないんですか？

田中　違います。つまり、経済をよくして税収を上げるというのがノーマルな考えですよね。ところが日本の財務省では、まったく違って、消費税の税率アップに代表されるように、日本経済がどうなろうがそれはあまり重要ではなく、税率を上げることが重要視されるわけです。

麻木　だって税収があって初めて、お金があって初めて、どう配るかという裁量権が生まれるんじゃないんですか。

田中　違います。税収はコントロールできないですよね。だって、税収が増える増えないというのは自由な経済活動の結果であって、官僚はコントロールできないじゃないですか。官僚や政治家にコントロールできるのは、あくまでも税率ですね。だから税率を上げさえすれば、もう大成功なわけですよ。だから、税収を目的にするんじゃなくて、税率を目的にした方が、彼らのインセンティブがあがるんですよね。

田村　つまり財務官僚は、増税するということは自分の手柄になる仕組みなんですよ。それが財務官僚の遺伝子にこびりついているわけ。

麻木　結果として税収が増えるかどうかは別問題、と。

田村　税率を上げるというのは、要するに増税をするということで、普通は世論や政治家の抵抗を受ける。そこで、政治家やメディアを説得し、増税を実現させると、官僚社会ではおまえはよくやったということになるわけです。

田中　前例踏襲的に言うと、過去二〇年間に消費税を導入し、さらにその税率をアップした。

やはり非常にまれなケースですよね。それを実行できた人間は、それはその官僚組織の中ではもう尊敬の対象ですよね。彼が退職した後も、その影響力はずっと続くんじゃないですか。

田村　ほかの所得税も法人税の増税もそうですけど、特に消費税の場合は、財務官僚が余計にみんなをコントロールする上で、大変な権力を拡張することになります。どうしてかというと、例えば新聞なども、消費税除外品目にしてくれということを、日本新聞協会が盛んに陳情するわけですよ。だから大手の新聞社は、少なくとも消費税増税に大きな反対はまずないわけですね。裏でみんな頼まなきゃいけない。ただ、メディアが全部そうではありません。『産経新聞』の名誉のために言っておかなければなりませんが、『産経』だけは私のような増税反対論をきちんと紙面で展開しています。もちろん、増税賛成論者を排除していません。多様な意見を読者に提供するのが、社会の公器としてのメディアの役割ですから。

麻木　それで財務省に行列ができるということですね。

田村　みんな、財務官僚に頭が上がらないということなんですよ。だから財務省は税率を上げたりするということで、官僚は自分の支配力を増やす。

麻木　でもそれは、こう言ってはなんですが、ずいぶんみみっちい支配力ですね。

田中　いや、みみっちいからこそ、すさまじい魅力があるんですよ。大きな権力というのはその分、目立ってたたかれるリスクがありますが、みんなが歴代やっている答案（消費税の税率をあげる試験）で高い点数をとるかどうかというものは、官僚の視点からいうと出世に響かないただのテストにすぎない。

田村　国家の本質は、軍、警察、徴税ですからね。でも政治指導者に経世済民、富国の思想がなければ北朝鮮と本質的には変わらない。いや、かの故金正日総書記だって、「強盛大国」とのたまわったけどね。

麻木　私はてっきり、税収が増えることによって、予算をつけられるところが増えるわけだから、それだけ裁量権をふるえるということなのかなと思っていました。

田中　ところがそうじゃないんです。僕は上念司さんと一緒に『震災恐慌！――経済無策で恐慌がくる！』（宝島社）という本を出したんですけど、そこにも書いたことがあります。これを見てみると一九九六年、つまり消費税増税前の税収は全体で一九兆円あったんです。ところが増税をした後、一九九八年に急減して一七兆を割っちゃって、一九九九年が底で一五兆円。そして、いまだに税収は消費税を上げる前までの水準に戻っていないんですよ。

どうしてそうなっちゃうかというと、消費税が思ったように上がらないうえに、他の所得税や法人税が下がってしまったんです。それで結局何が残っているかというと、消費税率を上げたということだけが残るんですね。でも、また懲りずにやるでしょう。こんなこと、優秀な官僚はみんな知っていますよ、知ろうと思えばどこでもとれるデータですから。でも、彼らの関心は、やっぱり税率を上げるということなんです。

財務官僚の行動様式

麻木　しかし税収を増やすということより税率を上げることの方が大事なら、財政再建のかけ声は一体何なのでしょうか。

田中　だから、財政再建は本気で考えていないんです。例えば、いまだって税の徴収もれや社会保険料の徴収もれなど、官僚のシステムがうまく機能しないところがある。納税者番号制などを導入して、適切な官僚側の徴収するインセンティブ（＝自らすすんで行う動機付け）を設計すれば、数兆円の税収改善が図られる。ところがそんな官僚の責任を増やすものはやりたくない。権限だって変更されちゃうので、嫌がる。なので一番簡単な消費税の税率アップという、官僚世界ではただの既成のテストの採点の多寡を競う方に目がいく。財政再建なんて日本のことを考えるよりも、自分たちの権限とか生活ベースで考えてますよ、日本の官僚は。

田村　官僚たちは所詮は能吏ですから、その程度の人間だと思えばいいんですよ。パワーエリートとはとても言えない。メディアや政治家は官僚を能吏以上のスーパー知性だと思って、過大評価し過ぎているわけです。

麻木　うーん。全能な人たちとは思いませんが、優秀な頭脳を持った人たちだとは思っているんですけれど。

田村　単にそのパートを受け持っているだけですから。官僚が税率を上げたい、というのに対して、「ああ、おまえらはそう考えているんだよね。だけど日本の国としてはこうなんだよ」というふうにやるのが、これが本来の政治家の仕事です。しかし、その政治の機能が麻痺しちゃっているから、もう官僚だけがすごい浮上している。だけど大蔵・財務官僚というのは元々その流れで、ずっと戦前から一貫している。

田中　だから戦前の増税モードというのは、本当に強いですよね。同じことを繰り返していますから。予算は均衡していなければいけないと。つまり家庭の家計と同じ発想で、ずっともう江戸時代あたりから考えていますよね。だから何の近代思想の影響もないまま。だって、簡単じゃないですか。収入と支出をバランスさせるという。ただそれだけですよ。その考え方をずっと財務官僚は、先輩が言っていたのでおれもそれをとると。

麻木　私は田中さんの御本を読んで「そうなんだ」と思ったのは、財務官僚とか日銀の総裁って経済学部の人じゃないんですか。

田村　今の総裁の白川さんは、東大の経済学部だよね。それまでは法学部ですよ。

麻木　財務省の人は、みんな法学部の人?

田村　法学部ですね。

田中　出世するのはね。だから法律をつくるのはうまいけど、経済的な発想はない。よく言われるのは、財務官僚は、特に経済政策については他人の意見に非常に弱いんですよ。ある立場の強い人が「こういう経済政策がいいよ」と言うと、彼らはバックボーンがないので、「それはいいですね」と採用してしまう。ある意味で、柔軟性があるとも言えるんだけど、要するに政策的に首尾一貫していない。首尾一貫しているのは、さっき言ったように、先輩がやっていたことをそのまま受け継ぐというところ。財政均衡的な発想だけは、ずっと受け継いでいる。

麻木　ほかの国の財務大臣だとか中央銀行の総裁はみな、経済のエキスパートですね？　ものすごい経済理論でばりばり武装してくるんでしょう？

田中　そうですね。白川さんは昔シカゴに留学した経験があるので、その中で普通に接してはいますよね。ただし中央銀行総裁の会議の中で、「おまえの国の政策はだめだ」なんてだれも言いませんから、さすがに(笑)。でも、みんな会議を離れれば、バーナンキ（ＦＲＢ議長）だって以前は、日銀の人たちは一部の人を除いてみんなジャンク、つまり怪しげな者であると言ってました。

日本の経済政策は周回遅れ

麻木　海外の経済学者や経済政策担当者はどう思って見ているんですか、日本の経済政策を。

田中　あざ笑っているんじゃないですか。だって、現状ではユーロ圏もＦＲＢもイングランド銀行も、全部金融緩和モードですよ。しかも、かなり猛烈な。なおかつ各国の政府は、財政緊縮路線を事実上撤回しています。ドイツでさえも、もうやめようかという動きですから。日本はその周回遅れで、財政再建路線というのは二〇一〇年の秋ごろだったら世界のトレンドですよね。それに完全に一年ぐらい遅れて、いま頑張ってやっていますと。これでは、やはり日本だけが沈没します。

つまり財政緊縮路線で、なおかつデフレ放置というのは、みんなわかっているから、先ほど田村さんが言ったように日本買いが進んじゃうんですよね。デフレが続くと、つまり円高が続くと、円資産の方が魅力を持ってしまう。だからみんな、円を買っておいた方が安全であると。

麻木　まあ、だからこそ「官僚主導から政治主導へ」というスローガンが説得力を持ったのでしょうが。でも今の政治の様子を見ていると、もう官僚以上に期待できなさそうな感じがしてきて。「えっ、財務大臣この人なの？」って、言っちゃ悪いけど。「あれ？　この方は経済や財政が専門だったんだっけ？」と。

田村　だから、政治家の方でもう与野党問わず脱デフレおよび反増税というところで、考え方を一つにする議員たちが結束することが、まず第一歩だろうと思います。

それから、日銀の方なんですけどね。さっき田中さんがおっしゃっていたんだけど、白川さんなんかはシカゴ大学の大学院に行って結構優秀な成績だと評判ですけど、シカゴ大学では新理論を学び、東大時代の恩師で世界的レベルの金融理論家、浜田宏一エール大学教授に向かって「先生は最近の理論を知らない。教えてあげましょうか」と言い放つほど博識ぶりを自負している。ところが、日銀では日銀流の金融理論を忠実に守ることに徹している。解説はよくできる人なんです。金融政策というのはどういうもので、金融理論というのはどういうもので、と。しかし、新しいことにチャレンジしてみようというところは全くないですね。日銀として非常に新しいことにチャレンジしたのは、まさしく二〇〇一年三月から二〇〇六年三月までの、量的緩和及びゼロ金利政策というのがあったわけですね。これは世界の中央銀行にも先駆けて、つまり今アメリカとかヨーロッパがやろうかなというところの先駆けですよね。ところが、その当時裏方にいた白川さんが、何を言っているかというと、あれは実体経済に効果がないんだ、と。

麻木 どうしてですか？

田村 金融市場の安定にはある程度役立つかもしれないけど、デフレから抜け出るといった、実体経済への効き目は確認されていないんだという主張です。それが今の日銀の金融政策、つまりこれだけデフレがひどくて、超円高になったにもかかわらず金融を量的にも緩和しない路線に表れている。量的緩和というのは、お札を継続的にどんどん刷っていく、そして物価を適正な上昇率に戻して行くという強固な意志を、マーケットに対して明確なメッセージとして伝達することなんですね。マーケットは予想で動きますから、「ああ、なるほど、日銀があそこまで思い切った量的緩和で行くというのであれば、デフレから徐々に日本は抜け出るかもしれない」という、そういう予想を抱かせるようになるでしょう。しかし日銀は、そういう予想を一切抱かせないような政策を、今とっているわけです。だからこの円高は、当然続くわけね。

そういうことで、財務官僚は増税さえすればいい、日銀は日銀で、いま日銀が考える金融政策でいいんだ、ということを、しかもばらばらに今やっているわけですね。

つまり、日本の国として今、復興とか再生というのは何か、その定義すら、しっかりしていないわけですよ。

麻木 そうなんです。だからさっぱり、復興とは何のことを指しているのか意味がわからない。

田村 だから財務官僚は財務省の看板を高く掲げ、有力な政治家には何かあると飛んで行って「ご説明」に上がり、ひたすら財政や金融に疎い与党の政治家を取り込む。野田佳彦さんが首相になれば前の菅さん以上に財務官僚に心服しているし、安住財務大臣は財務官僚の下書きに従って口パクしているように見えます。

麻木 目を覆いたくなるような状況ですね。

世界は日本の貯蓄が頼り

田村 二〇一一年一一月初旬、仏カンヌで開かれた日米欧と新興国合同の二〇カ国・地域（G20）首脳会議での野田佳彦首相は「二〇一〇年代半ばまでに消費税率を一〇%まで段階的に引き上げる」と国際公約した。その前の財務相・中央銀行総裁会議で安住財務相が同じく国際公約したのに続くわけで、国会はおろか民主党内の同意もないまま真っ先に国際会議で増税に踏み込んだんです。

麻木 あれを聞いて、「えーっ。またなんで〝外〟に行って言うの?」と思ったんですが。

田村　私の推測だけど、これは財務官僚の洗脳があまりにも行き過ぎたなと思ったんですよ。どうしてかというと、欧州危機でいま大変なときに、日本はこのG20の場で、「ちゃんと増税までして、日本の余っている金は復興のためには使いませんよ」と表明しちゃったわけです。復興のために使うお金も、社会保障の支出で増える分も、全部増税で、日本の家計からそのままいただきます、海外に貸しているおカネは国内で使いません、と。日本の貯蓄水準は、それでも変わらないわけですね。なぜかというと、みんな節約するから。

実はいま国際金融市場を支えているのは、日本の貯蓄なんです。どういうことかというと、金融資産を分解していくと、資産は負債を必ず伴うでしょう。家計は総資産から総負債を差し引いたネットで一二〇〇兆円ぐらいの金融資産を持っているわけですが、この金融資産がどこに配分されているかというと、一つは日本国債、つまり日本国政府で、これが五八〇兆円ぐらいあります。もう一つは民間企業です。では、残りはどこに行っているかというと、実は海外なんです。これは二五〇兆円ぐらいある。二五〇兆円が海外に行っているということは、要するに内外の金融機関を通して、国際金融市場にこのお金が回っているということです。国際金融市場で、ネットで国内の貯蓄を提供している国は、先進国では日本とドイツしかないですね。今は、欧州危機でドイツがもうへたり込んでしまっていますから、貯蓄の供給源としては非常に能力が小さくなっている。だからいま、実は世界的には日本の貯蓄が頼りなんですよ。

麻木　じゃあG20で「増税しましょう」と言ったのは、世界にいい顔をしてきたということですか？　大震災からどう立ち直るか、デフレをどう克服するか、というときに？

田村　そうそう。だからおそらく、安住氏は財務官僚に「これ言ってみるといいですよ」とささやかれたに違いない。それでG20の連中はみんな、ものすごい喜んでいるわけ。

麻木　それはカモがネギ背負ってくるみたいなことだから喜びますよね。日本が引き受けて犠牲になりますと言ったのに等しい。

田村　そう。日本は、本当に今こんなに貯蓄があり余っていて、海外に二五〇兆円も使っているんですよ。それをちゃんとそのまま残します、撤収するようなことは一切しません、と。

麻木　大津波が来ようが、放射性物質の問題でどれ程苦悩しようが、撤収はしませんから御安心ください、と言ったようなものなんですか？　いったいどこの国の代表なんでしょう……。

田村　二五〇兆円のうち、例えば一〇〇兆円近くがアメリカ国債などで、政府の外貨準備に使われています。これも元はといえば日本の国内の貯蓄です。アメリカの国債は、円高・ドル安のせいで円換算では大きく目減りしています。いわゆる為替評価損で、実に四〇兆円も損を出しています。このアメリカの国債は、いま財務省の外国為替特別会計のところに計上されているわけでしょう。だったらこれを、日銀に売ればいいんです。日銀は米国債をそのまま引き取って、その分だけの日銀券を政府に出せばいい。政府は、それでファンドをつくれば、復興に使うとか、新しい技術開発に使うとか、そういうことができるんですね。そうすれば民間資金がそこにまた集まりますから、もう大変な財源になってくるんですね。しかし、そういうのを一切やらない、増税で行くんだということを宣言してしまった。

麻木　橋本龍太郎さんが首相のときに「アメリカの国債を売る」とかちらっと言っちゃったおかげでひどい目に遭って。米国債問題はそれ以来のトラウマだと聞きますが。今おっしゃったようなやり方だったら、別にアメリカには迷惑がかからないわけですね。

田村　かかりません。日銀がそのまま持つだけですからね。ところが財務官僚にしてみると、実は外国為替特別会計で一〇〇兆円ぐらいの資金を絶えず運用しているということは、いろいろ彼たちにとって都合のいいことがいっぱいあるんです。例えば官僚を海外に留学させるときに、ちょっとこの金が要るよなというとすぐ流用できる。いろんな名目で。例えばですが。基本的に、外国為替特別会計を、彼らは自分たちの金だと思っているわけです。

麻木　自分たちのお金だと思っているんですか？

田中　先進国で、外国為替特別会計みたいな異常な会計を持っているのは日本だけですからね。

麻木　でも、それは震災の前から問題になっていたことであって、民主党なんか政権とる前はがんがん批判してたはずですよね。

田中　もう完全に忘れていますよ。

麻木　今は完全に忘れているどころか、最高の守護神みたいになっちゃっていますよね。「あの話はどこに行っちゃったの？」という感じで。

田中　本当に。与党としての公約を忘れて、経済素人の安住財務大臣を起用すれば、既存の財務省の方針は無問題になりますね。

田村　だからとりあえず、二五〇兆円の中で一〇〇兆円近くは国内に回せるんです。

麻木　一〇〇兆円って大変な金額です。それが可能ならば、大きく方向転換できそうですが。

田中　そうですね。たぶんデフレを脱却して、望むような成長率を達成するんじゃないですか。

麻木　残念ながら、その機運は全くないですね。

中央銀行って何だ？

田中　やはりそれは結局、日本銀行に協力する意思が全くないですよね。彼らは、いま言ったような政策だって、十分知っているわけですよ。だけどやらないのはなぜかというと、日本銀行のバランスシートが膨張するのがとても嫌なんですよ。つまり、彼らから見ると、バランスシートは資産と負債ですよね。だけど彼らの頭の中には、事実上、米国債を引き受けるのと同等の仕組みだと、何か超過債務が膨らむみたいな、不良資産を引き受けるみたいな感じになっちゃっている。そうなるとたぶん彼らは、中央銀行としてではなくて、「我が社」、つまり自分の会社からすると、これはいただけない政策である、つまり、自分の会計がちょっと苦しくなると。本当は全然そんなことないんですよ。だけど、それはちょっと嫌だなと。つまり、自分のことしか考えていないんですよね。日本経済の痛みを引き受けるんじゃなくて、それを引き受けちゃうと自分たちの、ありていに言えば権力だとか給料だとか、そういうものにはね返ると考えてます。

麻木　「そもそも中央銀行って何なんだろう?」という話になると思うんですが。

田中　日本の場合は、唯一の発券銀行ですよね。目的は主に二つ、日本銀行法でちゃんと定められていて、一つは物価の安定、もう一つは金融システムの安定です。両方とも具体的な中身は、それぞれないです。だから日本銀行はいかようにも恣意的な解釈ができる。「物価の安定」とは一体何かというと、例えば今の白川総裁によれば、デフレ自体は問題じゃないんです。デフレ自体は問題じゃなくて、デフレが加速化してデフレスパイラル的な状況になって、実体経済が悪化するのはまずい、と。それは物価安定じゃないと、彼らも認めている。でも、今のデフレは、ほっとけば彼らのシナリオどおりにいずれ収束するから、それは問題じゃないと。でも、現実に実体経済はいま悪いですよね。でも彼らからすれば、それはデフレとは違った要因で起こっているんです。震災であったり、日本の構造的な問題で起こっている。

麻木　だから自分たちのせいじゃない、と?　すでにしっかりと日銀法に適った行動をとっているということですか?

田中　そうそう、デフレとは全く違った問題であると。

麻木　仮にそうだとしても、「だから仕方ありません」では困るわけでして。対策を言わなくてはまずくないのでしょうか。

田村　だから、言い訳だけはできるような仕組みをつくっているんですね。例えば金融政策がデフレに全く効かないなんてことを言っちゃったら、「それでも中央銀行か」と言われますから、「いや、我々もちゃんと考えていまして、物価上昇率が一％近辺になるように気にしている、そんな内部了解事項がある」と。

麻木　気にはしてくれているんですね。

田村　量的緩和といって、これ、何か効果がないんだということを白川さんも言っていて、だけどあまり日銀が何もしていないのはおかしいと言われるから、いや、我々もちゃんと資産を買い取って、日本の長期国債を今回は一〇兆円買い増しますとか、特別な基金をつくって五兆円また買い増しするとかね。あとリスクのある資産、つまり不動産投資信託のインデックス商品を買い増したとか、何かとごちゃごちゃ品ぞろえを少しずつ並べては、「包括緩和」ですと言う。「量的緩和」とは自分の口で言わずに『日本経済新聞』などのメディアに勝手にそう解説させるよう誘導して行く。

麻木　一応やって、「これ以上はできません」という話になっている、と。

田村　日銀の幹部と会うと、だから我々もそれなりに緩和している、とくる。じゃああなた方、なんで量的緩和と言わないんだと訊くと、「いや、これは包括緩和と言います」と。これが官僚流の言い抜けですね。

田中　そうそう（笑）。

麻木　何が違うんですか、量的緩和と包括緩和と。

田中　全然違います。特にこの間の民主党代表選の前は、代表候補の人たちに日銀の幹部連が接触を試みていて、そこで彼らは何を言ったか。馬淵（澄夫）さんといった、リフレ派が支持した候補に何を言ったかというと、「馬淵さんたちの考え方と日本銀行の考え方は全く同じです。日本銀行もリフレです」と言うんですよ。そして、先ほど言ったようないろんなメニューをやっていると言うんですよね。しかし、そこで決定的なのが、馬淵さんが「じゃあ長期国債をもっと買って下さい」と言うと、途端に向こうはもにゃもにゃと言葉を濁してしまう。つまり、自分たちのやっている政策はベストで先端的なものだと言うんだけど、本当に先端的な、たとえば量的緩和の最前線みたいなことをやることに対しては、全然理解を示さない。つまりオペの対象は自分たちが決めるから、それ以上のことはやりたくない、と。ましてやインフレ目標のように積極的に自分たちが目標到達に責任をもつ政策は、間違っても採用しない。結果、それはリフレでもなんでもなくただのデフレの放置でしかないわけで。まさに詭弁ですよね。

長期国債引き受けは、なぜ「罪の歴史」か

田中　特に長期国債の引き受けというのは、日本銀行の歴史の中ではもう断罪の対象なんです。つまり、高橋是清蔵相のときに、長期国債を日本銀行が政府から直接引き受けて、日本は昭和恐慌から脱出したんですよ。しかしそれは、戦後の日本銀行の歴史の中では悪の歴史、罪の歴史なんです。

麻木　罪の歴史？

田中　そう。なぜそうなっちゃったかというと、実は戦前、日本銀行は高橋是清のリフレ政策に協力していて、当時の日銀副総裁の深井英五は、これこそまさに一石三鳥の政策である、国債は安定的に消化され、デフレからは脱却し、経済もよくなると。にもかかわらず、なぜか戦後になると日銀は、そういった発言は全部誤解であるとします。結局それはハイパーインフレをもたらして、しかもリフレ政策は軍備拡張という形で戦争に至ってしまった。だからこれは絶対にとれない政策であると、これは『日本銀行百年史』という日本銀行の「正史」に書いてありますから。

一体どうして認識が変わっちゃったかというと、僕も歴史家なんで調べてみると、二つ要因があって、一つは戦争中に日銀のブレーンだった人たち、都留重人だとか大内兵衛だとか、いわゆるデフレ主義者の貢献なんですね。

麻木　デフレ主義って何ですか？

田中　デフレの方がいい、という人たちです。

麻木　それはどういう理屈で、デフレの方がいいんですか。

田中　だから、やはり「清貧の思想」じゃないでしょうか。つまり、インフレというのは仮の需要をもたらす、つまりバブルみたいなものをもたらすから、特に下層の階層に非常に負担をもたらして、上層の資産を持っている人たちだけがバブルに喜んでしまう、と。だからそんな社会は許されないという、社会正義から来ているんでしょうね。大内兵衛なんか、特にそうです。それで、デフレの方がいいだろうと、戦前から言っているんですよ。なぜかデフレで不況が深刻化して、失業者がでれば、社会的な弱者は困窮化するのにそこは見ないで、自然治癒にまかせてしまう。

ところがそんな変な意見をもつ彼らが、戦争中に日本銀行の政策ブレーンになってしまった。そこで打ち出してきたのは、高橋是清の政策は軍備拡張に結びついてしまった、ニューディールもそうである、という見方です。都留重人といえば、戦後はサミュエルソンの『経済学』を訳したのでケインズ主義者に見えるんだけど、実は全然違って、彼は戦争中に東大で講義をやっているんですが、そこではアメリカがなぜ今回日本と戦争になったかというと、それはニューディール政策の帰結であると言っています。つまり、ニューディールが軍備拡張をもたらした、と。

麻木 ややこしい……。

田中 つまり、大型の堤防をつくるとか、土木事業をやると、財政を増やすじゃないですか。その延長上で、軍備拡張もしちゃったと。さらにもっと景気をよくするためにはもっと軍備拡張が必要になるから、戦争でも始めなければならない。そのターゲットとして日本が選ばれたという。彼の処女作に載っていますよ、はっきりと。しかし、その処女作は戦後の『都留重人著作集』には収録されていません。どうしてかというと、戦後の彼のイメージはケインズ主義者だから。そこで断絶ができているんですね。

都留重人というのは面白い人で、今回の震災復興のスキームでも見本にされていますが、「経済安定本部」というのが戦後つくられたんです。これはスーパー官庁で、大蔵省その他、いろんな官庁の予算配分を、GHQと連携して全部決めていたんです。GHQとの連携がなぜできたかというと、都留重人は戦前ハーバードに行って、英語ぺらぺらなんですよ。人脈も豊富で、GHQのニューディーラーたちと連絡をとって、そこで政策を打ち出すんですね。そして、そこでやっていたのもやはりデフレ政策、インフレは許さないというものでした。ケインズはデフレを問題視し、低度なインフレは経済を活性化させるのでとてもいい、という立場でした。だからGHQのニューディーラーというのは本当はケインズ主義者でもなんでもなく、ただのアメリカの共産主義者の別名だと僕は考えてます。ところで政府側にそのとき誰がいたかというと、当時大蔵大臣は石橋湛山というリフレ主義者がいたわけです。つまり湛山は、インフレは問題であるけれども、インフレを抑制した結果景気が停滞しちゃうとまずいから、景気を刺激するためにも量的緩和的な枠組みは捨てちゃいけないと言い続けた。しかし、それは完全に障害になってしまったので、GHQが何をやったかというと「公職追放」です。

同時に、東京裁判が始まるわけです。東京裁判は経済政策的に何を断罪したかというと、やはり高橋是清の政策を、戦争に結びついたということで断罪したんですね。東京裁判は、普通はいわゆる大日本主義者みたいなものを裁いた裁判と言われているんだけど、そこで石橋湛山は、自分で手を挙げて弁護に立ったんですよ。これは湛山研究者から見ると、すごく混乱を来すんですね。湛山ほど植民地主義を批判していた人間が、なぜわざわざ東京裁判に出ていって弁護したのかと。実はそれは、そのGHQや検察側の主張、つまり高橋是清の政策がまずいというものに反論するために出ていったんですね。あれはただ単にデフレ不況を脱出するための政策で、軍備拡張には全くつながっていないと。しかも占領軍は、明治以来の政策を軍備拡張の政策とイコールにしているけれども、とんでもない。ただ自由化をしていって、それで発展途上国が先進国の仲間入りをしただけであって、戦争に至った原因は別なものに求めなきゃいけないということを、彼は主張したんです。

ところが裁判では、ほとんど採用されなかった。

ゼロ成長の遺伝子

田村　そもそも高橋是清は、二・二六事件で青年将校になぜ殺されたかということになるんですけど、その背景には、彼が日銀の国債引き受けという思い切った荒業を繰り出して、見事に景気が上向いたということがあります。景気がよくなってきて、それでだんだん税収も増えてきた。

それで次に高橋是清が考えたのは、これは出口戦略を考えなきゃいけないと。一つは日銀に引き受けさせた国債を、再びまた政府が引き取り償還するか、日銀に手持ち国債を民間銀行に買わせる。こうして日銀引き受け国債を減らしていくという方法ですね。

もう一つは、財政支出のカットです。特に目をつけたのが、陸軍の軍備でした。だから高橋は、陸軍にもずいぶん恨まれているわけです。飢饉の非常に深刻な東北出身の青年将校たちが、財閥と組んだ政府はけしからんというわけで、高橋是清大蔵大臣らを襲って殺したというわけです。高橋是清は文字通り自分の生命をかけて、これ以上軍拡をさせてはいかんと考えていた。彼は満州事変の後に大蔵大臣に就任して、大恐慌から世界で最も早く脱出したあと、中国大陸を舞台にした日本の軍事的な膨張そのものを食い止めようとしていたわけです。だから、彼は闘争の毎日だったわけですが、結局二・二六事件で彼が殺されて、軍の方はますます膨張していって、中国で泥沼にはまり、にっちもさっちも行かなくなった。そして米国から石油などの禁輸を受け、最後通牒を突きつけられ真珠湾攻撃、太平洋戦争に至る。

田中さんがおっしゃったように、その経緯を全然整理しないまま、日銀は高橋蔵相、深井英五日銀総裁ラインのあの財政金融ラインで日本がおかしくなったという認識に行ってしまう。亡くなったけど元日銀総裁の速水（優）さんなんかもそうでしたね。今の民主党でも大蔵官僚出身の藤井裕久氏もそう言うんですよ。すべては高橋財政に始まっていると。それから与謝野馨氏もそうですね。この思い込みは本当に激しい。

藤井さんと与謝野さんの共通点をもう一つ言うと、日本はもう成長できないんだという見方です。何をやってもだめだから、もう身を縮めようじゃないかと。それは細胞分裂が終わった老人の発想としか思えない。

麻木　「大人はもうこれ以上背が伸びない」という言い方がありますね。そう言われると、そうかな、なんて思ってしまいますが。

田村　だから身を縮めよう、と。だけど、失礼だけどいつあの世に行くかもわからないような人に、そんなことは言われたくない。いま細胞分裂をがんがんやって、これから伸びようという人たちの将来を、それで摘んでしまうつもりなのかと、本当に私は憤りを感じるぐらいです。しかし、残念ながらこういう人たちの考え方が、今の経済政策を牛耳っちゃっているわけですね。

田中　そうですね。だからそういう「ゼロ成長の遺伝子」は、まさにその高橋財政が二・二六のクーデターで頓挫しちゃった後、日本の政策シーンに、例えば昭和研究会という近衛首相のブレーンが集まったところで出てきたんです。日本は、国内だけではもうゼロ成長だ、もう政策は万策尽きた、と。では、それを破るのはどうすればいいか。海外に膨張する。はっきりと侵略とは言えないから、日本と中国の、今ふうに言えば東アジア共同体、当時で言う「大東亜共栄圏」の理論武装を、昭和研究会を中心にやっていたんですね。つまり、当時の「第三の道」を希求していくという。その背景には日本のゼロ成長、もう伸びしろがなくなってしまったという認識があったわけです。

当時は、現在と逆に、人口減少が問題ではなくて、人口増加が問題でした。国内にだいたい人口一億人ぐらいになったら日本の財政負担はぎりぎり限界まで行っちゃって、みんなを食わせることができなくなってしまう、と。だから、ともかく海外への移民もしくは植民地政策をさらに強化するといった形でやっていくしかない。そういう閉塞感が蔓延していたんですね。だから、今と非常によく似ているんですよ。

「デフレ病」が日本を蝕む

なぜ政策論議が「清貧」に流れるのか

麻木　しかしそうやって考えると、「成熟し切ったんだ」「ゼロ成長なんだ」「これ以上無理なんだ」という思想の根深さというのは大変なものですね。これほどの震災の被害を目の当たりにし、「非常時」に直面しながらも、揺るがない。

田中　そう。それは例えば僕とか、明治学院大学の稲葉振一郎さんがもう一〇年ぐらい前から、「日本の思想の岩盤」とか言っているのですが、これはそうとう揺るぎないもので、これに挑戦していった人間たちは大体いい死に方をしていない（笑）。

麻木　経済、財政におけるそういう「思想の岩盤」の上に、「金よりも心の豊かさ」といった物言いが乗ってくる。金か心かって二者択一するものでもないだろうと思いますが。

田中　個々に言っている分には何の問題もないですよね。

麻木　ええ、もちろんライフスタイルの選択としてならば、一人一人が好きにすればいいことです。

田中　でも、それを政策ベースでお金絡めてがちんこでやってくると、とんでもないことが起きちゃうんですよね。それを今、まさに目の当たりにしているわけです。だれも止めることができないですよね。そういう考え方の人が政権握っちゃっていて、しかも対立するはずの自民党も本音では増税路線ですから。今回だって、菅前首相と谷垣さんは東日本大震災が起こって三日後に会ったじゃないですか。もう人命がかかっているシーンじゃないですか、三日後なんて。そのとき真っ先に協議したのは、増税の議論ですからね。だからもう完全にいっちゃっている人たちですよ、僕から見るとね。

麻木　震災で被災した方たちは言うまでもなく、この経済状況の中で苦しんでいる人たちにとって、ことは「ライフスタイル」の選択の問題ではなく、生活基盤そのものの話なんですが。

田村　そのときに「連帯」という言葉を使ったんだよね。要するに、こういう大災害が起きたから、日本国民はみんなで連帯しなければ、と。

麻木　「復興連帯税」という言葉もありますね。

田村　そう。『日本経済新聞』に「経済教室」という欄がありますが、そこでそういう増税論者の先生方が盛んに論陣を張ったんです。それで東大教授の伊藤元重さんと伊藤隆敏さんが連名で、「経済教室」で復興増税をやろうと書いた。それで署名活動も求めたんですよ。『日経新聞』は私も長く在籍したのですが、これほど財務官僚の言いなりになったことはありません。増税反対論の浜田先生なども「経済教室」には申し訳程度に登場したこともありますが、何か、担当の編集デスクからこのくだりは削れとか、とにかく増税反対のトーンを小さくしようとチェックしてくる。他方で、増税キャンペーンの署名活動に、こともあろうに『日経』で最も権威のある「経済教室」欄を提供する。私自身、日経時代には二、三度「経済教室」を書いたことがあり、愛着もあります。経済言論の府として恥ずかしく思わないのか、と後輩諸君に言ったこともあります。田中さんのところには、おそらく署名してくれとは来なかったと思いますが。

田中　来るわけないですね、初めから（笑）。

田村　署名には東大、一橋、慶應の先生方が多いようですけど、実に二〇〇人近くの経済学者が署名しているんですよ。

麻木　その人たちは、どういう考え方なんですか。

田村　顔ぶれを見ると、国際経済関係論とか国際経済理論のような先生方が多く署名しちゃっているんだよね。何というのか、ちゃんと財政も詳しいという先生なんかよりも、むしろそっちの方なんですよね。数だけ多ければよいのか、御用学者というより誤用学者ですね。財務官僚にすり寄っていれば、何かいいことがあるのかなあ。審議会や諮問会議に呼ばれるとか、日銀の政策審議委員にしてくれるとか、大学の研究予算をもらえるとか、特別のベネフィットがあるんでしょうね。

田中　そうですね。あれを見ると、例えば一橋の浅子（和美）さんなんかも入っていないし、僕の先生（藪下史郎・早稲田大学教授）も入っていないですから、いわゆるケインジアングループからは総スカンですよね、どちらかというと。だって均衡財政ですから。経済がある程度拡大しているときには、勝手に均衡財政でもなんでもとれるんですけど、今みたいな非常時で経済が落ち込んでいるときに、なぜ増税なのかと。それは均衡予算乗数というのは、均衡していないんですよ、経済が。つまりそれが成立する世界というのは、みんなお金にゆとりがあって、あまり資金制約ががんじがらめじゃない。つまり政府じゃなくて個々の借金の負担が重たくないような経済であれば、そういった効果が出やすいんですが、みんなに借金の制約がある状況では無理なんです。デフレになると、実質債務が膨れ上がってきますから。

借金の額は一〇〇万円とか時価で表示されていますが、これは名目の債務です。これが実際にどのくらいの負担かを調べるためには、この名目の債務を物価水準で割り算しなくてはいけない。つまり実質賃金というときに、名目賃金（実際に給与明細に書かれている数字）を物価水準で割り算したのが、その賃金で買うことができるモノやサービスの分量（購買力）であるのと同じ考え方ですよね。で、物価水準は分母にあるので、分母が低下すれば、名目の債務はすぐに全部返すことができないから、実質債務は増加していく。物価水準の低下、つまりデフレは借金の重さをより増していきます。ちなみに実質賃金（＝購買力）があがるから、借金は増えても所得が事実上増えるので、それでいいではないか、という人がいますが、それは間違いで、借金はすぐにはチャラにはできませんが、給料の額は借金よりは早く減らすことができます。これは人々の生活をより苦しくします。また同時に実質賃金が高まると、企業はそれだけ働く人を採用する実質的な人件費が高まるので、リストラを行い、立場の弱い労働者からカットしていきます。それが失業率の増加や、また若年層の困窮につながるのです。

このように借金の制約が大きいときに、「さあ、お金を渡したから、それで何か買え」と言われても、なかなかそれはできない。やっぱり貯金に回しちゃう。唯一そのお金を消費に回すことができるケースというのは、デフレが終わりますよという期待を形成してあげれば、使う人もかなり出てくる。それさえも、やってみなきゃ実はわからないですけど、そっちの方の可能性が高いから、僕なんかはそれを勧めているわけなんですよ。

田村　長い間、もうデフレですから。だから一番働き盛りの若い層が負担も大きくなって、可処分所得ががた減りしちゃっているわけですよ。

麻木　手足に錘がついた状態で「ガンバレ」、あるいは「譲り合え」とだけ言う、ご都合主義の精神論は、苦境にある人々にこそ、より強い打撃を与えることになりかねない。そこは忘れないでほしいと思います。

「デフレ病」の正体

田村　家計の可処分所得が一〇年間でどのぐらい減ったかという計算をしたら、勤労者世帯の可処分所得は平均で年間五三万円以上減っていますね。

麻木　ということは、月に直したら一カ月四万円ぐらい？

田村　さらに問題となるのは消費増税です。大和総研の試算によれば、消費税率を一〇％に引き上げ、年金減額も勘案すると、収入から社会保険料などを差し引いた「実質可処分所得」が、二〇一五年には二〇一一年と比べ四～九％目減りする。夫婦のどちらかが働き、子供が二人いる年収五〇〇万円の標準世帯では負担増で可処分所得が約三一万円も目減りする。要するに、経済で非常に大事なことは、「明日どうなるか」ということなんですよ。今の時点では所得が減ったということであっても、いや、だけどまた明日よくなるというのであれば、まだよい。

麻木　そうですね。確かに。期限が見えてくればまだ頑張れる。

田村　だけど日本の場合は、右肩下がりがずっと延々と続くわけですよ。これだと、全く底が見えないでしょう。このことを見ると、だから日本の長い慢性デフレでどんどん所得が下がっていく。

データをとったらすぐわかりますが、消費者物価指数で見ると、意外と落ち方はマイルドなんですね。年率に直すと、一％いくかいかないかぐらいでしょう。ところが可処分所得で見ると、ものすごい勢いで減っているわけですよ。これが、日本の「デフレ病」の正体なんです。日本のデフレ病というのは、働き盛りあるいは中間所得層がどんどん痛めつけられているということです。

田中　そうですね。

田村　現在の年金受給世代は、ちゃんとまとまった収入がある。金融資産をある程度持っているような人は、みんなぬくぬくとしているわけですね。

田中　そうですね。デフレって何かというと、物価が下がることだと言われてもよくわからないという人も多い。例えばユニクロみたいに、価格が下がればそれでいいじゃないかという人がいるんだけど。

麻木　そうですねえ。牛丼一杯二八〇円とか、居酒屋で一品二百いくらとか、安くておトクという話になりますが、そのシワ寄せはどこへ行くのか。可処分所得が目減りする中、モノの値段が安いことは助かりますが、それが回り回って、また誰かの可処分所得をさらに目減りさせることになる。働く人々が足を引っ張り合うような形。でも、その場でぴんとはきません。

田中　そうなんですね。でも生活実感で一番わかりやすいのは、いま田村さんがおっしゃったように、「自分たちの懐の中身がどんどん減ってくる」ということなんですね。例えば毎月四万円減らされたら、お父さんのお小遣いはゼロですよね。

麻木　いや、お父さんマイナスでしょう。今、サラリーマンの平均小遣いは三万円代半ばぐらいじゃないですか。

田中　マイナスですね。お弁当とかお昼代もすごく節約して、もう三〇〇円とか二五〇円とか、そこら辺の攻防になってしまう。

田村　五三万円減ったというのは、おそらく一〇年間ぐらいのことですよね。だから年あたりに直すと五万三〇〇〇円、月に直すと、さらに一二で割るわけですから、四四〇〇円強ということになりますか。だから、すぐにはわからないんですよ。

麻木　ゆっくりと血を失っていく状態。徐々に血を失い、気づかないうちに意識が朦朧として判断力や気力が失われていくような。そんな感じでしょうか。

田村　「かみさんからもらえる小遣いが、そういえば最近何か減っているな」という状態が、ずっと続いているということなんです。

田中　失業率についても、要するに日本はアメリカほどの一〇％近い失業率ではないじゃないか、と。ごく少数の人が、苦労しているだけなんじゃないかと、見放すんですよ。でも一方では、不況が悪化すれば、安い採用コストで、安い賃金で調達できる方に行っちゃいますよね。それで非正規雇用が増える。だからこれも構造が変わったというよりも、社会が不景気になったということなんです。

麻木　嫌でも非正規雇用に流れていくということですね。

田中　そっちばかりが膨れ上がってしまう。そして非正規雇用は非常に所得が不安定であり、またその所得の不安定さはさまざまな影響をもたらしていく。例えば両親ともに非正規雇用で、所得が不安定であると、その子供たちも同じように所得が不安定な一生を送る可能性が否定できないし、一部の実証研究はそのことを示唆しています。もちろん非正規雇用でも所得が安定すればいいんですが、残念ながら日本の長期停滞の下ではそれは不可能です。また非正規雇用と正規雇用の待遇を全く同じにすれば問題解決という意見もありますが、これも停滞が続く中でやれば単に失業者の数を増やすだけです。あるいは、こういう人もいます。働く時間を正規ないし非正規問わず、シェアしろと。でもこれもまた景気がよくなるという問題とは無縁です。売り上げは同じですから、単に八時間一人で働いていた人の労働時間をふたりでわけるだけで、見た目の失業率は減りますが、それで経済全体の景気がよくなるわけでもなく、みんなが単に平等に貧しくなるだけで、貧しさの均衡状態が訪れるだけです。まあ、みんなが貧しいのがベストだと日本人全体が賛成したら、それはいたしかたがないですが、海外からみれば「ほかにもみんなが豊かになれる政策があるのに、わざわざみんなが貧しくなるのを選んだのか」と呆れられることは間違いないでしょうね。

経済団体はなぜ鈍感なのか

麻木　私がまた一つわからないのが、日本にいる企業、経団連の偉い人とか、いわゆる「財界」の考えです。日本全体の景気がよかったら、可処分所得が増えて、みんな物を買い、企業も潤うはずなのに、なぜか全体の血の巡りを良くすることに関するメッセージがあまり聞こえてこない気がします。「とりあえず法人税下げてくれればよし」という印象です。でも法人税って、大企業は知りませんけど、大方の中小企業は法人税払えないぐらい――というか、そもそも赤字で法人税なんて払うどころではない企業にとっては、どれ程追い風になるものなんですか？　また、そこで働く人たちの懐具合に、一体、どのような関心をいだいているんでしょう。

田中　そもそも、この二〇年間の停滞を構造的な問題ととらえるか、それとも日本銀行を代表する金融的なファクターの失敗ととらえるかで大きい対立があるんですが、一貫して財界側は構造的な問題に焦点を当てているんですね。その核だったのが、経済同友会です。そこら辺のブレーンが、いまだに財界でも押していますよね。今の経団連の会長さんなんかも、もう構造問題主義者ですよ。

この背景には、一つにはやはり一九八〇年代に起きた日米構造協議の圧力があって、前川レポート以来、日本にはいろんな構造問題があって、それを壊していけば非常に発展の余地があるというイデオロギーをずっと持っている。それがうまくいっていないからこそずっと停滞が続いていると、財界の人たちは確実に思い込んでいますよ。

麻木　確かに構造問題はあると思います。ですが、構造改革のみが唯一の処方箋だというのは本当にそうなんでしょうか。デフレや円高にもっと強く物申してほしいと思うんです。（カルロス・ゴーンさん（日産自動車ＣＥＯ）は、こんな急激な円高ではやってられないと、バン！と言ってましたが。

田村　ゴーンさんはもうはっきりと、このままでは日本でつくれない、投資できないと言いましたね。

麻木　努力とかイノベーションとかで乗り越えるべきレベルじゃない、と。

田村　これは、ビジネスマンとしては普通の、まともな感覚なんですよ。

麻木　私も全くそのとおりだと思いました。

田村　ところが、他の経団連の大手メンバー、みんな大手、老舗ですけど、そういうことは言わない。

麻木　どうして気にしないんですか。

田村　例えば経団連会長の米倉（弘昌）さん（住友化学会長）のところは輸入原材料も多いわけですよ。だから円高になると、その分だけ為替差益が発生するということもあるでしょう。それから、米倉さんの会社に限らず結構どこの会社も多国籍的な展開をしているわけですね。だから、おそらくいろんなテクニックを使って、為替差損がそんなに発生しないような仕組みを、財務的には当然のように持っているでしょう。

もう一つは、日本型の産業構造というのがあって、よく「乾いたぞうきんを絞る」というでしょう。デフレ不況という砂漠の中で「乾いたぞうきん」――中小、下請け、零細企業を絞りに絞るのが、日本の産業構造でもあるんですよ。つまりそうした大手の組み立てをして、最終的にブランドを持つ企業は、下請けの部品とかなんかを徹底的にたたいてコスト削減をするわけです。でなければ、そこの部品は採用しないというわけですから。だけど、そういうところも結局、国内ではもうとても要求に応えられないから、しょうがないから全部タイとか中国とかに行っている。それでバンコクの洪水で被害を受けたりしている企業はそういうところですね。だから、みんなが犠牲を強いられる。

それからもう一つは、季節工あるいはパートタイマーの採用ですよ。小泉内閣のときに、総合規制改革会議で派遣労働の自由化をやったでしょう。オリックスの宮内（義彦）さんが中心になって。だから、国内の構造改革というものは、実は、大手の企業はきちんと対応できる仕組みに国内の構造を変えていくという路線で進んでしまっているわけですね。だけど、もうデフレで国内需要は冷え切り、超円高で輸出の採算も悪いから、季節工や派遣、請け負い目当てに国内で操業しても収益率は悪い。

経団連企業に多い輸出企業は輸出分だけ消費税の還付を受けるから、消費増税には異論がない。消費増税をすれば、法人税率を下げられるのです。それだけ、経団連企業は国内生産で便宜を提供されているのに、デフレと超円高が続く将来が見える。海外で稼ぐのは経営者の判断としては当然、ということなのでしょう。

デフレと超円高のもとで生き残るために国際展開をする。ゴーンさんが言っているのはまことに正直で、もう日本じゃ最小限のことだけをして、あとは全部外に投資して外でやりますよというのは、これは当然の話です。実際にみんな、それをやっちゃっているわけです。だから、産業の空洞化なんて、今や言葉自身がもう死語と化したというか、経団連が空洞化なんて、もう言いませんよ。自分たちは、みんなやっちゃっていることだから。

日本の技術力が流出していく

田村　日本には秘蔵の技術があるでしょう。例えば、この部品のこの部分は、この会社しか作れないというようなメーカーが、日本の中小零細に特に多いんですよ。これが、東日本大震災のときに初めてわかったんです。そうした企業が、東北などにたくさん立地している。これは日本のこの会社しかもう作っていないというところがみんな被災しちゃったので、部品のサプライチェーン、供給ネットワークが途切れてしまった。日本製部品は家電、自動車に限らず、多くの産業分野で世界的に使われている。そのサプライチェーンがものすごく傷んでしまって、日本国内のメーカーだけじゃなくて、全世界がけっこう困っちゃった。

今回の大震災による日本からの供給停止で、中国も韓国も台湾もみんな懲りちゃって、また日本がこういう目に遭ったら困るから、もういい条件で、とにかく韓国にも来てくれ、中国にも来てくれ、と。来ないならば、もう自分たちでつくるから、あんた方は要らなくなりますよ、という脅しも半分入っている言い方をされているわけですね。

麻木　でもそれで一度出ていってしまったらもう、そう簡単には戻ってきてくれないでしょうね。

田村　日本の本当の意味でのお家芸というべき秘蔵の技術がどんどん海外に流出してしまえば、技術力が平準化していくわけですから、このまま行けば日本のアドバンテージがいずれなくなっていく。

田中　それを、政府は後押ししていますよね。政府のやろうとしているいわゆる「円高対策」というのは、それを促進する政策じゃないですか。つまり、財界にとっては産業空洞化なんていうのはもう論点じゃないので、むしろ政府がある程度後押ししてくれれば外に行きますよと。もう中小企業だって、例えばベトナムなんかにも、ツアー組んで行っていますよ。

麻木　今、すごいらしいですね。

田中　何でツアーで行けるかというと、例えば国際協力投資銀行だとか、日本政策投資銀行だとかが支援しているから。そして、その資金を提供しているのは、結局僕たちの税金なんですよ。

麻木　中小企業が海外に出ていき易くすることを、中小企業支援と言っているのですか?

田中　旅行代理店などにも税金が行き渡って、さあ、みんなでツアーに行って産業立地を見てきましょう、工業団地はここにつくりましょうとか、そういうツアーを今ばんばんやっていますよ。

田村　だから、それが円高対策というのはおかしいじゃないかというと、いや、日本企業がそうやって海外で生き延びてまたシェアを拡張すれば、必ずそのリターンが日本国内に戻るから、だから日本経済はよくなります、と。ＧＤＰ（国内総生産）というのは、海外からのリターンは計算しないので、ＧＮＩ（国民総所得）の方で見てください、と。僕は、ほんとうかなと思ってね。

麻木　ほんとうはどうなんですか？

田村　「国際収支統計」には貿易収支の他に所得収支というのがあるんですよ。海外の投資収益といっても、直接投資、つまり企業の投資と、証券など金融関係の投融資があるでしょう。これを両方合わせた投資収益が、国際収支統計というものに出てくるんです。それを見ると、確かに絶対水準では、二〇一一年なんか特にそうですけど、貿易収支の黒字よりも、この所得収支で見た海外投資の投資収益の方が多いわけですよ。なるほど日本は成熟した債権国なのかと思って、今度は毎年の動向で見たら、実は二〇〇七年をピークに急減しています。海外投資はどんどん増えているけれども、収入そのものはどんどん減っているんです。要するに円高になってますから、円レートに換算したら、みすみす大変な損をしている。それが国際収支統計でわかるんですよね。

より詳しくデータを見てみましょう。国際収支統計によれば、日本の投資収支（〈海外からの投資収益〉－〈国内から持ち出される投資収益〉）は二〇一〇年が一一兆七〇二二億円、一一年前半が七兆二七六四億円の黒字で、貿易収支の黒字の二倍以上です。三月一一日の東日本大震災後は貿易収支が赤字になり、この赤字を対外投資収支黒字が補った。これが「日本＝成熟した債権国」論の背景なのですが、勘違いです。

確かに日本の対外投資は年々増え、対外総資産から日本国内の外国資産を差し引いた対外純資産は一一年六月末で二六〇兆三七八〇億円に上ります。海外で得られる配当や利子などの投資収益は対外投資の増加と比例して増えて当然なのに、実際は逆ですね。二〇〇七年の二三兆五〇〇〇億円をピークに減り続け、一〇年には一五兆二〇〇〇億円まで減った。円高のためにドルなど現地通貨で得られる利益が円換算で目減りしたためです。

海外資産規模は、ドルでみると〇七年から三年間で一・四倍になっているが、円建てでは横ばいです。〇七年から始まった円高ドル安の流れに圧迫されて対外純資産の円建て評価額は増えず、膨張するドルベースでの資産額とのギャップが大きく開いています。〇七年の円ドル相場水準で推移したとすれば、一〇年末の対外純資産は財務省が公表する対外資産統計の二五一兆円よりも一〇〇兆円あまり多くなった計算になる。投資収益も約四割増えたはずです。つまり、対外資産が一〇〇兆円以上も消えたことになります。

日本の対外資産の源の大半は家計の貯蓄です。政府はドル資産を買うための短期証券発行で、銀行は預金で、企業は社債などを通じて家計から借り入れる。このままでは日本国民は勤勉に働き、貯蓄しても円ドル相場の変動で巨額の富を失うばかりなのです。

成熟した債権大国の代表例はかつての大英帝国ですが、海外でらくらくと収益をむさぼれる秘密は軍事力ばかりにあるのではありません。通貨覇権です。大英帝国は金本位制で世界に君臨し、ロンドン金融市場を国際金融の中心に据えました。世界の金銀はロンドンに集中し、英国は金銀相場を思うがままに操縦しました。植民地インドは銀本位制であり、インドは金本位の英通貨、ポンド建てで宗主国と資金決済を余儀なくされました。金本位制をとる大英帝国は銀本位制の植民地インドからの輸入債務が膨れあがると、銀の対金相場を高騰させて債務を帳消しにしたのです。英国の軍事費や国家公務員年金はインドが通貨ルピーで負担する。銀価格を上昇させると英国政府と国民が豊かになる仕組みだったのです。これが通貨を通じた搾取メカニズムです。

現代の米国は大英帝国のような植民地を持たないし、世界最大の純債務国ですが、基軸通貨ドル相場を引き下げることで、富を増やすことができます。米国の対外総資産残高は一〇年末で二〇兆三一〇〇億ドル（約一六五〇兆円）に上る。ドルは〇七年以来、主要国通貨平均値に対して年間四〜六％程度安くなっています。六％のドル安だと、米国は約一〇〇兆円分もの資産評価益を得られるのです。

英国の対インド債務は英国政府発行の証券で支払い、この証券をロンドン市場で流通させて手数料を稼いだのです。自国通貨円で勝負せず、ドルの帝国に依存する現代日本はその当時の英国ではなく、インドに似ているのです。

麻木　私、どうしてそれで平気でいられるのかがわからないんですよ。円高のせいで一〇〇兆円が消えるということでしょう？　以前読んだ経済小説に「一ドル一五〇円でアメリカ国債を買わせて、償還の頃に一ドル八〇円にすれば、どんなに名目で金利をうたっても実質的に日本は損なのだ」というようなことが書かれていたのを思い出しました。

田村　どんどん消えているわけです。これに対して、円安に戻ればまた儲かるじゃないかと言うでしょう。しかし、ちょっと待ちなさいよ、と。三年間で四〇％ぐらいの円高が、再び一〇〇円に戻るって、いったいいつの日ですか、ということです。むしろいま逆で、一ドル＝五〇円まで落ちかねないのに、そんな絵空事を言うんじゃない。しかも時価評価で計算するのが、今はもう国際標準でしょう。いずれまた一〇〇円に戻るかもしれない。そうしたらまたもうかるでしょうといった乱暴なことを、政府がなぜ考えるのか。政府が国民の富に責任を持つのなら、少なくとも今の円高を止めなきゃだめです。これからまた五〇円に進んでいったら、いくら投資しても我々の資産がどんどん目減りするだけです。

田中　個々の国民は何のミスも犯してないのに、ただ単に為替レートの動きだけでどんどん国民の資産が目減りしていく。

麻木　そしてそれを「注意深く注視」しているんですね。

田中　そうそう。マスコミでも「注視する」ってよく使っていますんで、ずっこけますけど。二〇一二年冒頭で、野田首相はさらに日本銀行と一緒に、デフレを「さらに注視する」と、「さらに」をつけたのでもっとじっくり見てるだけなんでしょうけど。

田村　こういう田中さんとか私の考え方が、少数意見になっているのはあまりにも情けない。こういう意見は、少なくとも政策の討議の場に出てこなきゃいけないですよ。日本はもう本当に一本調子しかないですね。例えば経済の論壇だと、経済学者は『日経』の「経済教室」などで海外で稼げば日本は豊かになるという式の論理を平気で展開する。メディアでは『日経新聞』など、みんな同じ、増税はやるべし、海外投資は大いにやるべしで、もう全部政府の言っていること、全く一緒です。

麻木　円高もかまわない、と。

田村　本当に日本は、戦前、戦中の大政翼賛会の時代と今と、どっちがひどいんだと思うぐらい情けないですね。

「日本はギリシャになる」？

田中　戦争の可能性がないというだけではるかにまともなんだけど、僕はある意味で日本はチャンスだと思うんですよ。ずっとデフレだから、ちょっとインフレになるとものすごい成長力も発揮できるし、今おっしゃったような国民の資産もかなり回復できると思うんですよね。ただ、今はデフレがずっと続き過ぎている。

資産という点で言うと、長期金利がありますよね。これはいま非常に低い水準で推移しているんですが、これも前例踏襲主義で、なるべく一%ちょっと出たぐらいで今後もずっと運用していこうというのが、財務省の考えなんです。

麻木　長期金利が上がったらとんでもないことになる、一気にクラッシュだという話は、お目にかかった経済学者の方々や評論家の方々からよく聞きますが。

田村　財務省は、日本はギリシャみたいになると言っていて、政治家の頭にもそうやって刷り込んで、メディアにも刷り込んでいますね。菅直人さんが総理になった途端に「日本はギリシャみたいになってはいけません」と言って、それで今度野田さんになったら、それに加えて「我々の後の世代にツケを残してはいけません」と。この二つなんだよね。

麻木 「ギリシャみたいになってはいけない」「ツケを先送りしてはいけない」。

田村 この二つを見事に、日本の総理に相次いで刷り込んじゃっているわけです。財務官僚にとっての本当の恐怖というのは、確かに日本の国債がどんどん売られたら長期金利が高騰する。そうしたら、国債の発行コストががんと上がってしまうわけです。

麻木 そうしたらもう国債がさばけなくなって、大変なことになる、と。

田村 国債がさばけなくなったら財政破綻しますよ、という。だからギリシャと同じ道をたどります、と、こう来るわけですよ。

麻木 それはいろんな人が、そうおっしゃいますね。

田村 ちょっと待ってくれ、と思うんです。まず日本の国債など政府の債務の引き受け手は、これまでの九五%から少し減ってきているけれど、その九三〜九四%は日本国内の貯蓄であるわけですね。金融機関、つまり銀行と生保が中心になって国債を買って、運用しているわけですよ。ということは、お金が国内をずっと回るわけです。政府が利払いしても、このお金の大半は国内で回るんですね。だから仮に国債金利が二〜三ポイント上がったとします。確かにそれは一時的には、政府の財政負担が大きくなるかもしれない。それで財政収支が、赤字がこの国債のコストの上昇のためにひどくなるということになるかもしれない。しかしその上がった二〜三%の金利の分はどこに行くかといえば、日本国内にまた回るわけですよ。つまり、国債を保有している銀行に入るんです。そのお金を貸すところがなかったら、銀行はどうしますか。その分だけまた国債を買いますよ。だから国債の相場は一旦下がりかけても、再び元に戻るはずなんです。

仮に、金利が少し上がったような状態が持続してしまったとしても、しかし家計の金融資産が一二〇〇兆円ありますから、そのうち銀行の預金が六割ぐらいですよね。一二〇〇兆円というのはネットですから、グロスで見たら一五〇〇兆円ぐらいあるでしょう。もし金利が一%ポイント上がったら、家計の利子収入はどのぐらい増えますか。一五兆円でしょう。消費税七・五%分が家計に還付される計算になりますね。だからお金が国内で回る限りは、そんなひどいことになるはずはないんですよ。

麻木　国債暴落の心配はないのでしょうか。

田村　そもそもいま金利一%未満で、ほぼゼロで運用しているようなものですよ。だから、二〜三ポイントぐらい上がっても、米国債並みで、しかも家計に還元される。国債利回りが上昇するということは、国債相場の下落を意味します。国債を大量に保有している銀行や生保の資産が減って、信用不安になると政府や日銀が騒ぎますが、それこそそのときは日銀の出番です。日銀が当然の義務として市場から国債を買い支えればよいだけです。もちろん、政府は放漫財政をしてよいはずはありません。脱デフレと名目成長率を引き上げる成長戦略と無駄な歳出削減によって、財政赤字削減の見通しを市場に確信させる必要があるのはもちろんです。私の案はしかし、脱デフレ・超円高是正のために、米国債など外貨資産を日銀に移譲し、新たに創出された日銀資金を使うので、増税も国債増発も必要ありません。日本はとにかく、世界がうらやむ世界最大の債権大国、貯蓄大国なのです。日本国債が暴落することはありえない。ただし、このまま、円高と増税でデフレが続けば、可処分所得が減って、カミさんたちがいくら家計を切り詰めてもいずれ貯蓄に回すおカネもなくなるかもしれない。将来を考えると、今こそ外貨資産を担保に日銀資金を創出すべきなのです。

なぜ「国債暴落」を恐れるのか

田中　例えば昭和恐慌のときもその議論があって、実際にデフレを脱却して、低いインフレになったらどうなったかと言うと、むしろ田村さんが今おしゃったようなメカニズムが働いて、国債の長期金利はかなり安定的なんですよ。しかもこれは他にもいろいろな要素があって、デフレがインフレになると、そのインフレ分が長期金利に重なって金利が高騰するというんですけど、それが現実化するまでかなりタイムラグがあるんですよね。実際、例えば二〇〇三年以降、日本経済はかなり長期の「景気拡大」――括弧つきですけど――になりましたよね。そのときは、デフレの解消も緩やかに進んでいったわけですが、その段階を見ると、長期金利はほとんど上がらないんですよ。せいぜい一％台後半から二％ちょっといったぐらいで。つまり、国債は極めて安定的に消化されていったんですね。当然そのときは税収も大幅に改善したので、プライマリーバランスも、この二〇年間で初めて改善したんです。

つまり国債の暴落で財政が非常に悪化して、税収も伸びないなんていう状況は、現実に過去の昭和恐慌でもなかったし、最近の緩やかな景気回復局面でも全く起こらなかった。そういった状況で、一体、何を心配しているのか。

麻木　「国債暴落」説というのは、「必ずそうなる」というものではないんですか？

田中　つまり、発想がジャンプしてるんですよね。デフレだったのが、緩やかなインフレを飛び越えていきなりハイパーインフレになるとか、国債の一％台の金利が、量的緩和を積極的にやるといきなり五％、六％、七％とどんどん歯止めがなくなるぐらいに膨れ上がっちゃうとか、わけのわからない発想ですよ。

田村　国債の金利の利回りが上昇するということは、そのときインフレ率がプラスになっているわけですよ。デフレじゃなくて。だからインフレ率が二〜三％ぐらいだと、金利はそれにさらに少し上乗せされますから、金利が三％以上にはなるでしょう。そうすると、名目成長率はインフレ分だけかさ上げされますから、名目成長率は四％ぐらいは見込まれるわけです。そうしたら、経済成長の名目規模がどんどん増えるから、今度は税収がどんどん増えていく見通しが立ちます。

その税収の増え方を、学習院大学の岩田規久男教授が試算したんだけど、すごい勢いで増えていくというんだよね。二〇一一年度以降名目成長率が四％になると、国税収入が二〇一三年、つまり

毎年、名目成長率 4%が続く場合の国税収入増
（各年度の対 2010 年度比、兆円）

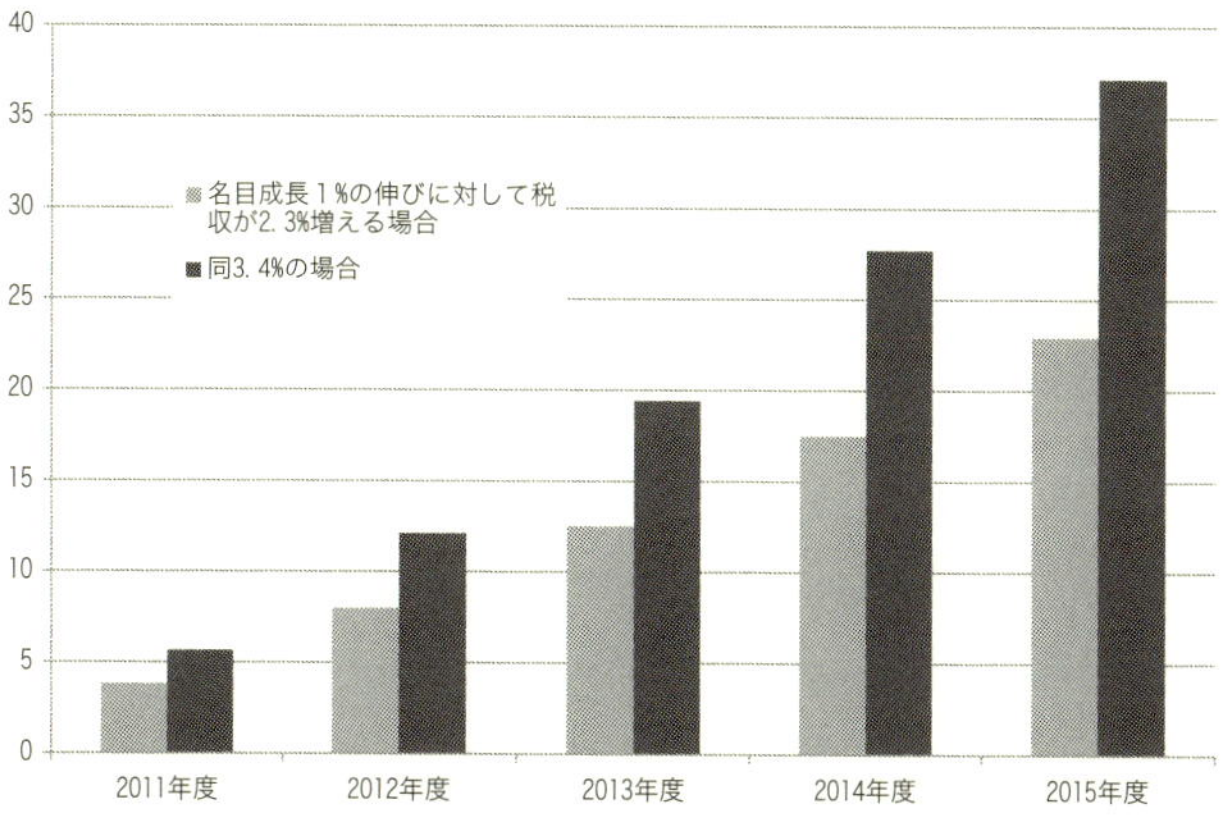

（出所）岩田規久男学習院大学教授の試算

二年後には二〇一〇年度に比べて一二兆〜一九兆円増えてしまうんですよ。二〇一五年度には二三兆〜三七兆円増えちゃう。今の税収が四四兆円ぐらいでしょう。消費税率を今より五％引き上げた場合の消費税収増見込み額は約一〇兆円ですから、消費増税は全く不要になってしまう。それほど、名目成長率の引き上げ効果は大きい。

田中　そう、それで土居（丈朗）さんなんかが心配しているのは、小泉改革のときに比べて国債の利払いの額が多くなっていることで、この間、ニコニコ生動画に出て若田部先生との対談でおっしゃってましたけどね。今、たかが一〇兆円なんですよ。いま言ったように税収がそれだけ増えれば、そんな一〇兆円なんていうのはある意味簡単に返済できてしまう話ですよ。

田村　上のグラフが、岩田規久男教授の試算結果です。岩田さんは過去のGDPと税収の関係を分析して、実額規模のGDPの増加率一に対する国税収入の増加率を低め（二・三）に設定したケースと、高め（三・四）にした二つのシナリオで試算した。つまり、デフレから脱出してインフレ率二〜三％、実質経済成長率一〜二％、名目成長率四％で、消費税率引き上げなしに楽々と財政再建できる見通しが出てくる。脱デフレ政策を最優先すべきなのです。しかも、後で詳しく述べるように、政府の外貨資産を引き取って日銀が一〇〇兆円の資金を創出すれば、思い切った脱デフレ・成長戦略に踏み切れるのです。

田中　どんどん累積してくるんですよね。掛け算する対象が、その分増えてくるので。だから国債利払いの問題も名目成長率が一定水準を保てば、たぶん四％ぐらいで、それは簡単に達成可能なんですよ。日本の経済の伸びしろが〇％だったらインフレ率四％にしきゃいけないんだけど、日本は潜在能力として年一％ぐらい伸びしろがあると仮定すれば、インフレ率がせいぜい三％ぐらいであれば、岩田先生のおっしゃったようなコースは可能ですよね。たとえそこまでいかなくて名目成長率三％でも、そこまで急上昇はしないだろうけど、国債利払いに困らないぐらいの成長は十分可能です。

デフレ下ではイノベーションがつぶされる

麻木　お話を聞いていて面白いなと思うのは、デフレ容認の人たちは、構造改革やイノベーション、コストカット、それらの努力は日本人はできるんだって言うんですが、名目四%ぐらいのインフレを目指して、国債の利率が二〜三%に上がっても、それを何とか頑張って維持していくという方の努力はできっこないと言うことです。そうすると、日本人はデフレの条件下ではすごく頑張れるけれど、緩やかな成長の条件のときには頑張れっこないという話になってしまうんですが、いや、そんなことはないんじゃないの、と。どちらかというと、成長している中での方が頑張りやすいんじゃないかなと思うんですよ。

田中 まさにおっしゃるとおりです。イノベーションだって、ともかく新しい芽が育たないといけないでしょう。デフレが続いたこの二〇年間は、企業の廃業率の方が新規の立ち上げ率よりも、圧倒的に水準が上なんですよ。つまり新しい人たちの可能性がなくなっちゃっている。新しいことをやる人たちは何が乏しいかというと、資金力ですよね。資金力がないために、知恵のあるところがどんどんつぶれちゃって、土地などの旧態依然とした資産を抱えている企業が生き残ってしまう。

麻木 本当の意味での構造改革になっていない。若い人たちにチャンスが回っていかない。

田中 そう。しかも、そういう企業は焼け太りしているんですよね。資産が焦げついちゃうから、旧態依然とした大きい企業同士がどんどんくっついちゃう。これは戦前も同じ状況でした。アメリカの大企業化が進んだのは、世界恐慌の時代ですから。それで、新しい芽がなかなか出てこない。

日本も全くそうでしたよね。新しい芽が出てきたのは、高橋是清の政策が成功した一九三〇年代前半で、日本はようやく製鉄だとか造船だとか、そういうものが息をつき始めて、リーディングカンパニーとして大きく成長していったんですよ。そういったことが、やはりデフレの中では全く見られない。

ホリエモン（元ライブドア社長・堀江貴文氏）はいま塀の中にいますけど、彼の挑戦だってITバブルがなければありえなかった。ITバブルといったって、そもそも本当はバブルじゃないですから。せいぜい景気がちょっとよくなっただけの時期なんですが、景気が少しよくなると何が改善するかというと、まず最初に株価が改善するんですよ。そこで儲けた彼が再投資して野球球団を買収しようと思ったら、逆に周りにつぶされてしまった。きわめて日本的な光景ですね。そういった現象は別にホリエモンだけのことじゃなくて、景気がちょっとよくなると、旧来の価値を打ち破るような若い人たちが、いろんなところで出てくるんですよ。だけど、そういうのがこの二〇年間ほとんど観測されないですよね。これは「安易に得ることができる果実」というような表現を経済学者はするんですけど、そういったものが今ほとんどない。ちなみによくイノベーションとかに、あたかも経済停滞を脱出する一発逆転なものとかを期待する人たちが多くいますが、それは単にイノベーションを知らないだけですね。イノベーションは小さい努力や小さい新機軸の積み重ねであって、その成果がでるのはとても長期の問題です。一発逆転で社会がガラッと変わるというイノベーションを期待しているとしたらそれは単に経営や研究の場で何が起きているのか無知なだけですね。

田村　「清貧の思想」でも経済が成長するかというと、これは特殊なときだけですよね。敗戦直後、日本はもう焼け野原になったでしょう。それでアメリカの資金援助で、実は粉ミルクの援助がありましたよね。私もかすかな記憶ですが、脱脂粉乳をさんざん飲まされて、やっと育ったんですけど。

田中 僕は違う。

麻木 私も違う。肝油は飲みましたけど。

田村 それはともかくとして（笑）、それはガリオア・エロア援助と言うんですよ。どういうことかというと、アメリカの余剰農産物とか、牛や豚も食わないような脱脂粉乳が、日本に回ってくるわけね。当時それを担当していたのが、亡くなった大来《おおきた》佐武郎さん（一九一四〜九三）です。大来さんは、生前は親しくしていたからよく知っているんだけど、彼が教えてくれたのは、要するに、アメリカから援助された脱脂粉乳を政府が民間に売りつけるわけですよ。そしてその資金は、全然ばらまきにも何も使わない。

麻木 どこに行っちゃったんですか？

田村 全部それを政府がプールしているんだと。それで、政府が一種の自分の貯蓄だと見なして、それを基金にして、鉄鋼とか石炭の増産とかの方に投入するんですよ。

このときは、国民はみんな自分の乏しい収入の中からどんどん脱脂粉乳を買って。アメリカはただであげているようなものなのに。

麻木 なのに、お父さん、お母さんにはお金を払わせたわけですか。

田村 それで僕らはなたれ小僧がそれを飲んで、何とか生き延びた。そういう時代は、確かに「清貧の思想」ですよ。だって何もないから、投資の機会はいっぱいあるのに、そのための資本がないわけですから。だから、その資本を脱脂粉乳と引き替えに家計から集めた。

麻木 そういう状況下では、清貧というか、辛抱はしかたがなかったということですね。

田村 みんな辛抱した。そのお金を、中央の官僚の大来さんなどは、じゃあこの鉄鋼産業に配分しましょう、これは三井鉱山のどこそこの炭鉱にどんと出しましょう、その設備をアメリカから買いましょう、とか。こうして金が回って投資が起こって、日本経済がそろそろと復活していった。

田中 そこはちょっと僕は評価が違うところで、いわゆる傾斜生産方式や、日本の産業政策的なものは、実証的にみれば、実際には衰退産業に対する補助金政策として行なわれていた。典型的なのは農業ですが。それ以外には、あまり有効ではなかった。政府のファンドをつくって何かの部門に優先的にというのよりも、どちらかというとむしろ貿易の自由化の方がかなりインパクトを持ったんですよ。

田村 あのときはドッジラインという緊縮路線で来て、朝鮮戦争の特需で初めてわっとよくなったでしょう。

田中 僕はどちらかというと、お金は自由に使わせた方がいいと思っているので、政府からお金を配るときには国民に広く薄く、と。その典型が金融政策なんだけど、財政政策でやってもいいですよね。僕なんか本当に一〇〇万円ぐらいもらえれば、すぐ使いたい。

麻木 私は、今なら貯めちゃうな。

田中　じゃあ、一千万円なら？

麻木　一千万円だったら五〇〇万だけ使おうかな、とか（笑）。

田中　そう、お金を増やせば、使う人はいますよ。使途は自由に任せた方がいいと思うんですが。できれば、継続して配るお金を増やしていって、政府なり日本銀行なりがこの時期までに絶対インフレにします、と目標を定めておけば、お金を抱えてるとどんどん損をするので貯めるよりも使う人がさらにでてくる。

だから復興政策だってそうですよね。エコノミストの原田（泰）さんなんかよく言うんですけど、仮設住宅をつくるよりもお金をある程度配った方がいいのではないか。仮設住宅をつくるのを全否定するわけじゃなくて、それもつくりながら、あとは自由にお金を与えて、そこにずっと住み続けるのか、もしくは別なところに住むのか、自由に選択できるようにした方がいいと言っているんですよね。実際の政策はそれに近いものになっていますけど、いざ政府がお金を配分するとすぐ「ばらまき政策」とか、よく批判するじゃないですか。

麻木　「ばらまき」という言葉の意味も、結構そのときどきで都合よく使われていますね。そもそも「所得の再分配」は統治機構の最大の役割ですから、いずれにせよ「配る」わけで、問題は「配り方」なんですが。今は「ばらまき」と言われたらもうそれで即アウト。じゃあ、えこひいきで配った方がいいのか、という。

田中　あと、あれだけみんなが批判している官僚が采配して配るのがいいのかと。だから「ばらまき」批判と同時に官僚の分配をも批判している人たちは、あまり具体的な代替案もなく、ただ単にイメージで批判している人が多い。「ばらまき＝いいかげん」、みたいなね。

麻木 そう思うんですよ。あれ？　官僚が配るのに反対だからこそ政権交代したんじゃなかったの、と。官僚主導の配り方は恣意的だ、そこに族議員が乗っかって既得権益層を形づくっている。いわば「えこひいき」だ。それはいかん。そういう話でした。ところが、薄く広く直接渡しましょうとなったら、今度は「ばらまきだ」となってしまった。子ども手当でパチンコする親がいるなどという議論は、本質と関係ないですよね。そんなこと言ってたら、結局、「自分を既得権益層へ入れろ」っていう話ですか？となってしまいます。

田中 だから日本人は本当に不思議ですよね。計画停電ってあったじゃないですか。計画停電が予定どおり実施されないと、みんな怒ったじゃないですか。僕なんか、計画停電がないということだけでうれしいのに。

麻木 待っていたのに消えないじゃないか、と。

田中 消えないじゃないか、それで怒るんですよね。不思議ですよね、こんなの。消えなかったらそれでいいじゃんというのにね。だから変な国民性ですよね。

Ⅱ

ＴＰＰへの対応と借金経済からの脱出

脱「借金経済」のモデルになれるか

「雇用」が視野から抜け落ちた日本の政策

田中　ここから話を少し拡げて世界経済の状況にも触れたいと思います。いま、だれが見ても明らかなのはギリシャの問題が尾を引いていて、それがユーロ圏から波及して、アメリカ、そして日本へと、ほぼ先進国すべてがリンクする形で経済不安を抱えています。特に核心部分になっているのが、金融不安ですよね。簡単に言うと、ユーロ圏にお金を貸し付けているのが、アメリカの金融機関ですよね。当然ヨーロッパの金融機関も、ギリシャに大きく貸し付けている。そういったものが焦げついて金融不安が発生して、「リーマンショック」第二弾みたいな事態が発生するのではないかというのを、みんな懸念しているわけですね。だから例えば短期利子率なんかも非常にリスクプレミアムが上がってしまって、資金調達がしづらい状況が生まれていて、各国の中央銀行はなるべくそういったものを回避しようと、積極的な金融政策をやろうとしている状況です。

他方、リーマンショックが一段落してから、やはり財政再建をしようという動きが世界各国に広がっていったんですけれども、それに対して、その限界みたいなものが最近よく議論されていて、事実上それを放棄しようといった動きもあります。

また、例えば最近では「ウォール街を占拠せよ」という運動がありますが、あれなんかを見ていると、リーマンショックのときもそうだし、今回もそうだけど、結局、政府やＦＲＢ（米国の中央銀行）の政策は、金融機関の救済でしかなくて、実体経済には無縁で、むしろどちらかというと下層の階層の人たちを見殺しにするような政策がとられているんじゃないかという不満がある。その背景には、雇用状況がどの国もあまり目立って改善していないというのがあるでしょうね。そういった経済格差の顕在化を受けて、ウォール街占拠運動みたいなものが大きく取り上げられている。

そういった世界経済の大きい流れの中で、いわば「超然」としているのが、前半でも議論してきた日本の経済政策で、デフレ志向、増税、しかも民主党政権は連合が支持母体に入っているにもかかわらず、雇用の最大化を目指すなんていうことを言っている議員は、ごく少数を抜かしてほとんどいない。何か、今は民主党が自民党よりも自民党っぽくなってしまって、世界経済の中で本当にいびつな政策スタンスを持っているというのが、今の大ざっぱな状況だと思います。つまり、不安の中で、さらに不安に傾斜するような政策を日本がとってしまっている。

「借金」経済から貯蓄の活用へ

田村　世界経済のこれまでを見ると、特に九・一一、二〇〇一年の同時中枢テロ以降、何が起きたかというと、アメリカも大いに金融緩和をして住宅バブルが起きて、その中で住宅の担保価値が上がるものだから、家計がみんなその分だけ余計に消費に走って、それで世界景気がよくなるという、景気循環が生まれたわけですね。問題は、リーマンショックとは一体どういうことだったのかということです。いわばアメリカの借金に基づく消費が、世界の経済を――新興国も日本もそうですよ――牽引していったわけですが、このビジネスモデルがリーマンショックで崩れてしまった。

今ヨーロッパで起きていることもかなり似たところがあって、ユーロという通貨が強いことを逆用して、ギリシャとかイタリアとか南欧系の国が低い金利で国債を発行し、外国の金融機関から大いに借金してしまった。けれども、ずさんな政府ばかりだから元利を払えなくなるんじゃないかと、例の格付け機関や米欧の金融機関が言い出した。実際には焦げ付いたわけではないのに、返済できないという将来見通しが金融市場で瞬く間に広がった。実際に支払い不能になったわけではないが、将来の借金問題が爆発したので欧州危機になっている。欧州危機というのは、問題になりそうな国債を抱えている銀行の資産が腐ってしまうという恐れが欧州金融市場全体に広がったことですからね。金融機関同士、お互いの疑心暗鬼によってお金が流れないから、さあ大変だということになっている。そしてそれがギリシャ、イタリア、スペイン等々、いったいどこまで広がるかわからないというので、みんな困ってしまっているわけです。市場予想がそうだから、不特定多数の金融機関が資金を融通しあうことで成り立つ市場全体が疑心暗鬼に包まれてしまい、銀行が資金回収を求めたり、求められたりで、もうお金が流れない。

つまり、借金を中心とする経済の拡大モデルというものは米国だけの専売特許かと思っていたら、ドルに次ぐ基軸通貨と目されていた欧州共通通貨ユーロの欧州もそうだった。このビジネスモデルはリーマンショック以降もう本当にだめだと、潰えたと、駄目押ししたのが欧州危機、ユーロ危機なんですね。いくら魅力的に装っていても、実態は借金頼み、所詮はそういうことだったんだというわけですが、とにかく世界経済を引っ張ってきた、借金をエンジンとするビジネスモデルに代わるものが本当に生まれるのかというところを、おそらくこれからの世界経済問題として考えていかなきゃいけないと思うんです。

そこで重要なことは何か。借金に対するものは、要するに貯蓄なんです。本来は貯蓄を国内の投資に回すことで経済がうまく発展していくはずなんですが、戦後のブレトンウッズ体制、言い換えるとドル基軸通貨体制のもとで借金すなわち信用市場の膨張が世界的に大成功してきた。それゆえに、久しく国内貯蓄・国内投資モデルが忘れられているわけですね。かくなるうえは、貯蓄大国日本は世界の先頭に立って、このあり余る国内貯蓄を、国内経済を成長させるために動員していくべきだと思います。つまり国内投資を大いに活発化させる。そういう意味で私は、規制緩和とかなんとかみんな口にしますけど、規制撤廃に限らず成長につながるようなありとあらゆるアイデアを日本は集結させていくべきだろうと思うんですね。国内で使われず二六〇兆円以上も海外で運用しては大損している国民貯蓄のうち、かなりの額を国内投資に振り向けるべきなのです。ただし国際金融市場にショックを与えないために、日銀がお札を刷る。これが、私の言う一〇〇兆円プランの時代的意味です。そんな芸当は日本しかできません。大げさに言えば、日本は借金主導ビジネスモデルが崩壊した世界の救世主になりうる。

米欧は日本の「失敗」から学んでいる

田村　ではアメリカはどうなるかというと、いま家計が借金の整理に入っているわけですから、新しく住宅投資をするゆとりもないわけですね。今はできる限りもっと貯蓄が必要だというので、それで借金を返済したり、あるいは消費を切り詰めるとかいうわけですから、アメリカの景気の停滞が長期化するというのは、これは避けられない感じです。

ただし日本とアメリカと決定的に違うのは、アメリカは戦後ずっと見て、借金経済であろうと何であろうと、民間の設備投資が途切れちゃった時期は、本当にこのリーマンショックの直後ぐらいなんですよ。私は、だからアメリカの活力は決して根本からそれで崩れたわけではないだろうと考えています。少し時間がたてば、アメリカのある意味での自律的な景気の反転とか、投資がよみがえってくるような気もするんですね。オバマ政権もＦＲＢもドル安政策をとっている。ドル安政策がアメリカにどれぐらいの効果があるかということですが、例えばアメリカに立地する輸出産業の回復をもたらす。アメリカ全体としてあれだけお札を刷ってインフレになったかというと、悪性インフレでは全然ないですよね。だから、アメリカが借金偏重型モデルを修正するプロセスを続けながらも、なだらかに景気回復させる余地はあるのです。

田中　現状の目標インフレ率は二％ぐらいですね。もっと引き上げて四％ぐらいを当分続けても、悪性インフレには全くなりませんね。その過程で失業率が低下していく。低下しきる寸前に、金融政策は市場の予想に働きかけて「出口」となる適正なインフレ率になるよう、今度はブレーキをかけていくでしょう。

田村　もう少し時間は必要だろうけれども、いずれにしてもお金は回っていくという循環に、徐々に戻っていくような気がするんです。

それから、アメリカの個人消費が本当に落ち込んでいるかというと、フラットにはなっているけれども、決して大きく落ち込んでいるとか、どんどん沈んでいくという状況ではないんですよね。だからどういうきっかけでアメリカの景気が底入れするかというのは、なかなか見通せないですけれども、アメリカという国のある種のダイナミズムというものは、私は悲観していません。時間が少しはかかるでしょうけれども。バーナンキ（ＦＲＢ議長）の政策だって、リーマンショック以降、一九三〇年代の大恐慌のような状況に追い込まれるのを、お札増刷作戦で避けてはいるんですね。財政政策の面では、ティーパーティーなど共和党の保守派が、とにかくどんどん歳出を削れ、削れの一本やりで攻勢をかけてきているが、再選がかかる議員たちはそうはいかない。予算を奪い取って地元に利益誘導する族議員はアメリカでも多いんですよ。本当にアメリカのコンセンサスとして、社会保障も何もかもカットという方向でどんどんやっていくのかというと、おそらくこれから大統領選挙でいろいろ議論は白熱化はするでしょうけれども、結局はほどほどのところに落ちつかざるを得ないだろうと思うんです。だからアメリカのことは、あまり心配しないんですけどね。

では、ヨーロッパはどうか。ヨーロッパは、はっきり言ってユーロの成立以降、やはりドイツが一人勝ちしていたようなものですよ。今回、ギリシャなどの国債を抱えている銀行が半分ぐらい棒引きしなさいと言われて、みんなそれに応じるかどうかは別問題ですけれども、それでかなりの程度行くにしても、やはりドイツがもう少しリーダーシップをとっていかないとしょうがない。ドイツのメルケル首相がもう政治生命も賭けて、とにかくドイツはユーロとともに行きますということを示して、ユーロの安定に向けてもう少しドイツが負担するというリーダーシップを発揮すれば、これも落ちついていくと私は思いますね。

ただし、全て問題国の政治、つまり選挙が関わりますからね。国内有権者の声が。政治的なスケジュールから言うと、なかなか直ちに対策が示せない。その間にどれだけイタリアがひどくなるか、ギリシャがユーロ圏から離脱するか、マーケットの状況は読みにくい。時間がかかるし、波乱は時折起きるけれども、基本的に、ユーロを共通通貨にすることによって生じたメリットをドイツもフランスも絶対に失いたくはないですから。だから彼らがそういう安定の方向で大きな役割を果たして、二〇一二年の前半ぐらいまでには何とかするでしょう。それが二〇一一年一二月一〇日の欧州連合（EU）首脳会議での財政規律強化の合意の意味です。合意内容は「新財政協定」と呼ばれる財政規律強化策で、（1）財政規律の違反国に対して自動的に制裁を発動する（2）財政規律を憲法に明記する（3）予算案を事前にEUの執行機関、欧州委員会に提出する（4）財政赤字を国内総生産（GDP）の〇・五％内に抑えるというものです。ユーロ圏も借金主導型モデルからの転換を試みているわけで、ついていけない国は最終的に離脱するしかないが、ギリシャが古代ギリシャ通貨「ドラクマ」の呼称に舞い戻った程度でユーロが崩壊するとはとても思えません。日本では崩壊論が好きな専門家が多いんですが、あの質実剛健なドイツと老かいなフランスが組んだ手を離さない限り、崩壊はありえない。

それに、欧州の連中は黙っているけれど、奥の手がある。それは欧州中央銀行（ECB）がユーロ札を大々的に刷ることです。同じ欧州でも、ユーロ圏に入っていないスイスはじゃんじゃんスイス・フラン札を刷ってユーロを買い上げています。ご存知の通り、スイスは世界の金持ちのための金融センターであり、さぞかし通貨価値の保持に努めると思いきや、さっさと紙幣の輪転機をフル回転させています。その結果、スイス・フランの相場は適正水準に戻り、スイスの輸出産業は競争力を保っています。スイスがそうなら、独仏も機動的にユーロ札を刷るでしょう。他方では、きちんと財政規律を徹底しますよと、市場にメッセージを送り、市場の予想がブレないように計略をめぐらせている。非ユーロ圏の英国はEU財政規律合意に合流しなかったけれど、ロンドン金融市場というのは英ポンドではなく、ユーロとドルの金融取引で成り立っています。ユーロに潰されては困るのです。

だから私は、金融のせいで世界経済が破滅すると考えるのは、あまりにも考え過ぎじゃないかと思います。たかがと言っては何ですが、金融とはしょせんカネの流れのことで、凍りつかなければ、ある程度のめどが立てば元に戻る。日本の九〇年代バブル崩壊時では、日銀があまりにもバブル潰しに熱中し、カネの流れを凍結させてしまった。そうなると、カチカチに凍りついたシベリアのツンドラ大地のようなもので、表面を日光で暖めても、内部は溶けない。米欧はそんな日本の失敗から学んでいる。つまり消費、生産、投資、雇用など実体経済をどうしようもない停滞に陥れたようなことはしないと思います。日本のように政府と日銀が無為無策で競い、デフレになってもしょうがない、増税しかない、言い訳のための小出しの金融緩和しかしないということはありえない。少なくとも日本のこのバブル崩壊後の「失われた二〇年」を、それはバーナンキも相当研究して、FRBの議長にもなったぐらいですから、私は、彼らはわかっていると思います。

とにかく日本は、「日本病」と言われるぐらい悪い意味で世界の先頭に立っています。だけどその日本は、貯蓄過多の国なんですよね。逆転の発想で、こういうふうに貯蓄をきちんと国内投資に回せば経済はうまくいきますよという、デフレから立ち直るための先行モデルを、日本はここで世界に示す必要があると思いますね。そのための方向性を、やはり日本の指導者が示す必要がある。そうでない指導者は政府であれ、日銀であれ、早く退場してもらいたい。

ＴＰＰの効用はデフレで帳消しに

麻木　でも今のＴＰＰをめぐる議論を見ていても、国内投資を活発化させて云々というよりは、相変らず外需頼みで、今度は「アジアで頑張るためにはバスに乗り遅れちゃいかんのだ」とか盛んに言われていて、どうなんだろうという気がします。

田中　そうですね。ＴＰＰの経済効果は、例えば雇用だけとると何百万人も新規雇用が増えるとか言われています。でもこの種の話はもう昔から聞いた話で、たしか小泉政権のときの構造改革だって言われていた。

麻木　小泉内閣では、竹中経済財政担当大臣が「規制緩和と構造改革を行えば、五年間で五〇〇万人の雇用創出が可能」と言っていました。麻生内閣では「未来開拓戦略で四〇〇万人の雇用創出」とか。菅内閣は「新成長戦略で五〇〇万人の雇用創出。一に雇用、二に雇用」でしたっけ。みんなどこへ行ってしまったんでしょう。

田中　そういった成果なんて、全然観測されないんですよね。どうしてかというと、先ほど話したように経済の規模が全然変わらないわけだから。つまりここ二〇年間やってきた、いろいろな規制緩和だとか民営化だとか、貿易の自由化なんていうものの経済的な成果は、全然だれも収穫できていないんですよ。あったとしても、わからないぐらいになっちゃっている。

ＴＰＰについて言えば、ＴＰＰの基本的な方針は、政治的な性急なところを抜かせば、別に方向としては経済学者はだれも反対できないんですよ。反対している経済学者が、日本はなぜか多いんですが。だけど、デフレを放置したままＴＰＰに参加しても、たぶんＴＰＰのいいところも悪いところもはっきりしないまま、「何か昔と変わらず停滞しているな」という印象になってしまうと思いますね。それで逆に貿易の自由化といったものに対する幻滅が、例えば「市場原理主義批判」みたいなものにすりかわるとかね。

それと似たような展開は、昔もあったんですよ。経済格差が深刻化するとか、ニートが増えるだとか、フリーターが増えるとか。この議論が盛り上がったのは、意外にも二〇〇三年ごろなんですよ。それは矛盾するようだけど、景気の回復の初期局面でそういったものがブームになってしまったんですよね。それは一体なぜかというと、やはり一般の人は、経済の実態を学者や専門家のように客観的にとらえられないですよね。実際には景気が回復して、少しずつニートも減少し、非正規雇用の人たちの雇用実態も改善しているんだけど、そういう実態よりもマスコミや一部の評論家のプロパガンダの方に目がいってしまう。特に厚労省とか文部科学省もニート対策だとかいえば、予算がつく。始めは毎度のことで少額だけど、どんどんそれが大きく膨らみ、公益法人みたいなのが外部にできて官僚の天下り先がいくつもできあがっていく。それをどんどん増やすためにさらに

「ニート対策」が実態よりもはるかに深刻に喧伝されていく。そういった構図はいまだに継続してます。

だからＴＰＰに参加しても全然日本経済はよくならないじゃないかというのは、僕らから見るとそれはデフレを継続させたらそうなるよねと思っちゃうんだけど、一般の人はそうじゃなくてやはり貿易自由化とか、市場原理みたいなのはいけないと受け止めてしまう。で、ＴＰＰ反対で既得権益を受ける層やその代弁者の官僚や評論家もおこぼれに与り、どんどん焼け太りしていく。まあ、貿易自由化が急激なかたちで行われるのは僕は反対ですが、それでも貿易自由化そのものを批判している論者にわりと官僚や官僚出身者、しかも貿易自由化で長期的な利益を損なう省庁の関係者が多いことには注意が必要ですね。

あるいは小泉政権の評価で、構造改革をやったから経済格差が広がったじゃないかとも言われます。でも僕から見れば構造改革で経済格差が広がったわけではないんです。小泉政権は事実上ほとんど雇用の規制緩和には慎重な姿勢なんですよ。むしろ前の政権がやっていたのをそのまま継承しているぐらいもので、データを見ると、経済格差や若者の非正規雇用が増えちゃったのは、そのずっと以前から継続しているデフレのもたらした結果であるんだけど、それを一般の人に言ってもなかなか信じてもらえない。やっぱり小泉改革が悪い、と。

今回で言えば、ＴＰＰに参加して貿易の自由化が促された結果、もし日本が相変らず停滞したままになってしまったら、たぶんＴＰＰが悪かったと言われるでしょう。今までもそうだったから、そういうふうに議論がすり変わっていくことは怖い。残念ながらマスコミも含めてだれも、日本銀行の政策が悪いなんてことを声高に言う人はいないし、「ウォール街を占拠せよ」というのだったら、じゃあ日銀の前を占拠する人がいるかというと、おそらく戦後、いまだかつて日本銀行の前でデモが起こったなんて見たことがないですよね。だからそれだけ日本人にとって、実はデフレ問題のキーになっている金融政策に対する関心が非常に低い。ＴＰＰ問題よりもこれの方が恐ろしいですよね。

麻木　景気を左右する大もとなんですけどね。で、とにかく国内投資を活発化させなきゃいけない、内需を拡大させなきゃいけない、そうしないと国内の雇用がない、だからコストカットやイノベーション、構造改革が必要だと言います。ところがもう一方では、金融緩和して金をばらまいたところで、お札を刷ったところで、もう国内には需要はないんだと。今だって余っていて、金は銀行に眠っているんだから、外需が必要だ、だから自由化だ、だからＴＰＰだ、というのが両方アナウンスメントされている。アクセルとブレーキが両方バン！と踏まれてるみたいな感じです。私にはどっちがどっちなんだかわからない。結局双方、結論は「だから頑張れ」。精神論は結構ですが、どっち向いて頑張れば良いのかわかりません。

政策は「精神論」で動く？

田中　一般の人にとっては、例えば構造改革は、小泉さんが最初に言った「米百俵」に象徴されるように、精神論で持っていくんですよね。そうすると、何かみんなわかりやすくなっちゃうんですよ。

麻木　つまり、全部「頑張れ」なんですよ。米百俵で、国内で「頑張れ」。外圧が来たら、それも「頑張れ」。要するに一貫して「頑張れ」なんだけど、言っている中身をよく聞いていると、内需だったり、外需だったり、要するにどっちなのって言いたくなってきます。本来、二者択一ではなく、その間に答えがあるのでしょうが、それを求めるのは実に複雑かつ困難であるということなんでしょうか。地道にそこへ取り組もうという風には見えませんね。複雑な議論に国民が耐えられないのが悪いということなんでしょうか……。

田中　やはり国民の精神の転換に持っていくというのは政策当事者の常套手段ですよね。本当は自分たちの政策ミスがあるんだけど、それを明らかにしていたら自分の立場がまずいですから、やはり国民側の責任にしなければいけないと思うんですね。

例えば震災復興だって、今はだれが見ても地震とか津波が悪いとか原発事故が悪いとか言っているんだろうけど、復興が遅々として進まなくて経済停滞が深刻化して、地域的に格差がはっきりしてくると、今度はそこの住民が頑張らないからいけないんだと、福島とか東北三県の人たちの責任に転嫁される可能性だって十分にありますよね。頑張りが足りないから、いつまでも停滞しているんだと。

過去の歴史を見ても、そういった事例はいっぱいありますから。そこでそんな精神論に転化していく大きい理由としては、やはり政策のミスを結果的に隠蔽しているんです。それが大きな問題で、世論が誤解してしまうのはやむを得ないですよね。だから専門家が、何が原因で、それに対する正しい政策は何かという、政策の割り当てをちゃんとしなきゃいけないと思っているんですよ。

構造改革にしても、一体「構造」とは何なのか、さっぱりわからない。僕も全然わからないです。いまだに、全く。高橋洋一さん（嘉悦大学教授）とこの間も話したんだけど「田中君、そんなのまじめに考えちゃいけないよ」って言われて。「まじめに考えているのは、君とか岩田（規久男）先生の弱点だよ」と。それ、弱点じゃないじゃん（笑）。

麻木 どういう意味ですか。構造改革の「構造」とは何ぞやと、考えない方がいいんですか？

田中 そう。「それを深く考えちゃうと、やっていられないよ、政策なんて」と。それはそうかもしれないけど「じゃあそれを明らかにして、『そんな構造というのはインチキである』と言うのは重要じゃないですか」と言ったんだけど、やっぱり彼は政策当事者だったから、「うそも方便」と言うわけですよ。それで世論が盛り上がって政策が実現すればいい、と。例えば郵政民営化のときだって、いろんなことを言っていましたよね。竹中（平蔵）さんは「郵政民営化すれば景気が回復する」とか言っていましたから。

麻木 構造改革なくして景気回復なし。その象徴が郵政民営化。それさえ実現すれば……と。

田中 僕は全然違うと思った。構造問題の一因としては、たしかに長期的には、例えば今まで郵便事業が持っていた利権が崩れて民間の活力が生かされる、というのはある。でも、それも成功するか失敗するかなんて、わからないじゃないですか。政府でも民間でも、よく経済政策の試算で、規制緩和、民営化をすればこれぐらいの経済的な効果が発生しますよと出しますよね。でもあれは単なる想定問答ですから。だって市場というのは予測不可能な部分があるから、政府部門と違うんですよ。政府は自分で計画して、これだけの経済利益が発生しますというのを予測するわけですけど、市場でもしその通りの結果になれば、それこそ事前の試算通りだから一種の計画経済も可能になってくる。そんな「計画」がうまくいかないのはこの二〇年だけとってても十分わかる。こんな長期の停滞を予測した政府は存在しません。わからないからこそ、市場は計画経済よりもすばらしい成果を生み出すかもしれないと言われているんですよね。そういった側面を全く見ないで、シンクタンクとか政府機関が試算した「経済効果何兆円」とか、そういうのを真に受けちゃうんですよね。それはおかしい。

高橋さんも昔それに加担して（笑）、僕と「郵政民営化論争」というのをネット上でやったんですよ。そのときには、彼のことをダースベイダーみたいだから「暗黒卿」とか呼んで。一方ではリフレの効用を謳っていながら、一方では正体不明の郵政民営化の経済効果を確定的に彼は言っていたので、そこを批判したんですよ。いまだにその対立は解消していません。彼にとっては、構造改革というものは「うそも方便」であって、経済効果ははっきりしないものだけど、それをあたかもはっきりしたような形で言えば国民がついてくると。郵政民営化を焦点に選挙を打てば、絶対それで勝てちゃう。それで結果オーライでいいじゃないかということです。

麻木　みんなが盛り上がって、やる気になればいいじゃないか、ということですか？

田中　そう、だから彼は基本的に実践的な官僚なんですよ。僕なんかは学者だから、構造改革で解決できるのは構造問題であって、それは非常に長期的に効果が発生して、しかも市場を経由するわけだから、実際にどのぐらいの効果が発生するかどうかは計画もできないし、予測も非常に極めて不完全でしょうという立場です。ただし、僕はいまの高橋さんの官僚批判は利用できるものはどんどん利用しようと思ってます。ただどうもハイエクでいうところの「設計主義」（政府が市場の自由化をビックバン的に進めたりすること、あるいが社会主義的な改革を急進的にすすめること）が、高橋洋一さんや竹中平蔵氏にはあるようなので、そこではいまいったように僕は「漸進的改革」の立場にたって対抗したいと思ってます。

TPPとアジア市場

TPPイコール「開国」という歪んだ論議

田村　TPPの議論に戻ると、農業だけでなく、ほかにも金融だとか、医療サービス、弁護士などアメリカンスタンダードで攻められそうな分野はいろいろあるでしょう。これもこれまでのように、何でもアメリカの外圧で何かやらなきゃいけないという発想はおかしいと思うんですね。もう日本は十分に市場開放もされているんですよ。だってそうでしょう、グローバルな自由化の中で、日本はもう確かに市場開放なんて、とっくに達成しているんですね。それをだから開国だ鎖国だって、何か浦賀にペリーが来たような議論を、いまだにやっているでしょう。「平成の開国です」「いや、「冗談じゃない」と、何かとこういう議論になるのは、本当に次元が低いし、不毛だと思う。

麻木　私、大体「維新」だとか「開国」だとかのスローガンを聞いたら、とりあえず「話半分」と思うようにしています。

田村　要するにTPPであろうとなんであろうと、自由貿易協定みたいなものを広範に結ぶというのは、これは一般論としては正しいんです。ただし、それがじゃあ日本のいま直面している最優先課題を解決していく、あるいは改善していく上でどういうふうに位置づけるかということです。日本をいかによくするかという問題の中で、TPPの交渉の論議に入ればいいんですよ。交渉に入ってから、一体アメリカの言っていることは何なのだ、それが日本の再生とどう結びつくか、結びつけられるかと。

アメリカだって、実は大変な弱みを持っているわけです。だからそこは日本も攻めていって、おたくもこうじゃないですかと。例えば、アメリカが言っている弁護士の開放なんかも、いま日本は弁護士が余っちゃって、就職するのも大変なんですよ。フリーター弁護士がいっぱいいるんですから。だから、よその国のスタンダードに合わせても、自国の国情に合うはずもないところがあるのは事実なんです。だから、いっそのことベトナムとかマレーシアを相手に発言すればいいんです。日本はアメリカに言われて既にこんなことをやったんだけど、実はこういう結果しか出ていない、とか。

もう一つは、労働の自由化みたいなものがあるでしょう。労働力がどんどん来る、と。でもアメリカだって何をやっているかといえば、今どんどん移民を制限しようとしている。中国からはアメリカで市民権をとりたい学生がわんさとやってきて留学しているが、卒業してもなかなか就労ビザを下ろさないですよね。日本のほうは、優秀なアジアからの留学生を日本企業がどんどん採用している。そんなアメリカが、日本に労働開国なんて言えるはずもないんですよ。それは日本の国情に合わせて一番最適な選択としてやればいいだけですね。

その場合に相手国とルールを決めて協定を結んでいく。例えば香港だったら、ホームヘルパーの雇用についてフィリピンと政府間協定を結んでいるわけです。それで賃金はこれぐらいにして、こういう条件で、もしルールに外れたらすぐ本国へ強制送還というふうにやっている。TPPを、そういうルールをつくる場にすればいいんですよ。今だって日本国内には非合法の労働者もいっぱいいるでしょう。これは、お互いにとってよくない。質の悪い人たちもまぎれて入ってくるでしょうし、企業の中には、そんな非合法的なものだから、安く買いたたけるからいいなんて考える人も確かにいるかもしれない。だけど、トータルで見てそれでいいはずはないですよね。だからきちんとルール化して、あるいは国際的な枠組みにして、そのうえで、それなりの賃金で雇えばいい。あるいは、いま日本が一番欲しいのは、本当に優秀な頭脳ですからね。優秀な人たちがどんどん入ってくることは日本の若い人たちの励みにもなるというか、競争になる。税も年金も医療保険料も払ってもらう。企業が新しい海外の人材を雇うなんてことは、別にTPPで何とかとしなくても、既にもう大手の企業はどんどんやっている。グローバルな労働移動は不可避であり、必要なのは日本の国益にかなうようなルールづくりなのです。ＴＰＰに意味があるとすれば、ＴＰＰ加盟国間の労働移動をきちんとしたルールにし、日本が優秀な人材を取り込む枠組みにすることではないか。

アメリカの本音は？

麻木　ただちょっとＴＰＰは得体の知れないところもあって。中国も韓国もインドネシアも入ってない。物や人だけでなく、社会のシステムそのものにも影響が及ぶというけれど、何がどうなるんでしょう。それらがよくわからないうちから、どう経済効果を算出しているんでしょうか。そもそも、何でＦＴＡじゃだめなのかと。ＴＰＰを軸に日本が外に打って出るというのですが、どうなんでしょう。例えばさっきおっしゃっていたように、アメリカはどちらかというといま貯蓄に励んで、借金漬けから脱却して体質を変えようとしているところなので、日本が打って出ようとしたって内心では来てほしくはない。どっちかという自分の方が売りつけることを主に考えているんでしょう？

田村　だからアメリカは、日本との二国間のＦＴＡは望んではいないんですよ。コメがあるからだめだとか言っているけど、実際は本音を言わせると、アメリカの議会がみんな反発して通りません。自動車など日本製品にどんどん席巻されちゃってだめだと心底から恐れている。だから二国間のＦＴＡは、絶対アメリカは受け入れないんですよ。だから逆に、ＴＰＰに入ってもう攻めてやれ、攻めの姿勢で臨めと私は言っていますが、反対派の論客の方々は、とんでもない、日本にそんな交渉力はない、巻き込まれたら日本は終わりだ、と騒ぐのです。歴史的に国と国の垣根を開放して滅ぶ場合は、軍事的侵略に限られるはずです。

田中　そう。アメリカのメディアの記事を読むと、もう日本で言っているＴＰＰ反対の論評とほとんど変わらないことを言っているから。

麻木　アメリカにも、日本人と同じ理由で反対している人がいる、と。

田中　反対していますね。それは品目とか状況は違うけど、典型的にはさっき言われた雇用問題です。明らかに移民を制限しようとしているときですから。

麻木　日本人がいっぱい来ちゃったらどうするんだ、ということですか？

田中　いや、日本人だけじゃなくてほかの国も含めて、移民がいっぱい来ちゃうとまずいと、本音では思っているわけですよ。だから日本は交渉に入ったらアメリカに押し切られて終わりとか、何を言っているのかと思います。

麻木　いつも押し切られて終わりだからというのもあるんじゃないでしょうか。一体いつ日本が押し切ったことがあったっけ、と。

田中　それはあるかもしれない。

田村　だから、ベトナムとかマレーシアを味方につければいいんですよ。

もう一つは、アメリカの労働問題でいえば、アメリカ自身が閉鎖的なんですよ。ハーバードが筆頭だけど、その他そこそこのレベルの大学なんかでも、海外の留学生には高い授業料を払わせて、いっぱい中国人とかいるでしょう。ところが彼らが優秀な成績で卒業しても、アメリカで就職させようとしない。就労ビザを下ろさない。だから授業料だけふんだくって、あとはもう本国に戻れと。本当にそういう状況なんですよ。それでも、中国人はアメリカにあこがれて高額の授業料を払う。アメリカは心得たもので、ほんの一握りの超優秀な理系の留学生に限っては奨学金も出して研究者としてアメリカに残らせて、貢献してもらう。その他大勢の新卒は本国に帰りなさい、または、大学よりさらに高い授業料を徴収して、大学院でも行けば、とくる。アメリカにとって教育サービスは巨大産業で外国から所得移転させる手段、高度な知能の獲得手段でもあるのです。見事に国益を実現していますね。感嘆するしかありません。

麻木 TPPは今までの貿易交渉の概念とは違う新しい枠組みとして、損も得も含めてもうちょっと広く見た方がいいのかもしれませんね。

デフレに比べればTPPは一〇〇分の一の問題

田中 正直言って僕には、TPPは全然気乗りしない問題なんです。三橋（貴明）さんなんかも非常に強硬に反対していたり、あと中野（剛志）さんなんかも反対陣営ですよね。

田村 TPP参加は一種の「ショック・ドクトリン」と言って、反発してますね。

田中　彼らはよく知っているんだけど、何でこんなにＴＰＰを真剣にやるのかなと。さっき言ったように、僕からするとデフレ問題に比べれば、ＴＰＰの効果は、参加した方がいいのか悪いのかさえもはっきりしないようなレベルの問題なんですよ。つまりデフレ問題の重要性を一〇〇としたら、ＴＰＰはひょっとしたら一桁ぐらいのオーダーの問題かなと思います。

麻木　デフレを放置したままでＴＰＰをやろうとしているから、みんなが反対なんじゃないんでしょうか？

田中　正直言ってタイムスパンが大きく違うんですよね。貿易自由化とか規制緩和の効果が実際に現れるのは、かなり長いスパンが必要ですね。五年とか一〇年とかで見ないと、本当にそれがよかったか悪かったかは言えないと思うんですよ。しかし、デフレの問題というのは、簡単に言えばもう明日にでも解決の方向が見える問題です。日本銀行が政策を変えれば、それだけで株価とか為替とか資産価格が、明確な形で反転しちゃいますから。

麻木　こんな円高で「頑張って付加価値の高い商品を海外へ売り込もう！」と言われても、という気が。

田中　そのためには、やっぱり金融政策もＴＰＰの効果に見合ったような中長期的な枠組みを設定しなきゃいけないですね。

麻木　ＴＰＰにメリットがあるとしても、為替の変動で、ささやかなメリットでは吹っ飛んでしまうじゃないか、という不安はありますよね。

田中　そうですね。そのためにはインフレ目標とか、あといま僕が推しているのは名目成長率のターゲットですよね。さっき言ったように経済の基礎体力一％、インフレ率三％でずっと運行していけば、おっしゃったようにＴＰＰの効果も発現しやすいですよね。つまり長期の成果を享受しやすいような、それにマッチしたような中長期的な金融政策の枠組みをつくってあげることは、それは全然矛盾しないんですよ。

もちろん自由化の弊害が出てくるところもあります。例えば農産物価格ががくんと下がるので、先ほど田村さんがおっしゃったように、専業農家に限ってはその所得補償をするというのは、経済学的に見ればベストの政策なんですよ。でもなぜか日本では、それらがもうてんでばらばらになっちゃう。専業農家だけじゃなくて、サラリーマン収入が主で単に農地みたいなものを持っているだけの農家にもお金をあげちゃうとか。あと、声が大きいところにお金をばらまいちゃうとか。そういうのでまず変になっちゃう。

田村　そうなんですよ、千葉県なんかの農家に行くと、もう専業農家の人は今の兼業農家が主流の農協は邪魔だとものすごく怒っていますよ。いかに我々が不平等な扱いを受けるかという。条件も良い千葉の専業農家は首都圏の中か近傍で、立地条件もよいし、ダイレクトに東京の小売りに新鮮な野菜を供給できる。大都市の消費者は無農薬、有機の野菜を求める。そこで専業農家の多くが有機野菜の栽培に努めるのですが、周囲の兼業農家からは、害虫や雑草の種が飛んでくると反発を買う。農協の海の中の孤島というわけで、農協にいっさい依存しない。敵視されることもあるようで、いくら専業で高い志を持っていても高品質の農作物をつくるのも大変です。

田中　今の農協の中心の人たちというのは会社員ですから、サラリーマンなんですよね。専業農家の本当の声は、非常に小さいんです。それはある意味簡単なことで、専業農家の人には組織政治をやるだけの暇がないですから。要するに、官僚みたいな人たちとか暇な人が声を大きくして、自分のところにお金をよこせと言っているだけなんです。それが農水省を通してコントロールされちゃって、民主党の唯一まともそうな政策だったものが完全にゆがんでしまいましたよね。個別所得補償制度も、初めはよかったんですよ。あれは農業の自由化に備えて落ち込んだところに、お金をちゃんとあげるという、経済的にはベストな政策だったのに、はっと気づくと、声が大きいところにしかお金が行かないという話になってしまった。一方で、デフレ対策も行われない、と。なぜかTPPだけは意欲満々ですよね。どういう落としどころかわかりませんが……。

麻木　軸がどこにあるのか、もうわかりません。ものすごくバランスが悪い感じですね。

田中　バランスが悪いですよね。だからその帰結として、ろくなことが起こらないというのは、今の政府と官僚たちのマッチングでいうと賛成しますね。

麻木　本来、TPPとか耳なれないことが言われる前から農家の個別補償の話はあったわけですよね。そもそも、あと一〇年か一五年の間に兼業農家も世代交代に直面するわけで、農業の後継者不在はまさに農業の危機なわけです。それをどう克服していくかというTPP以前の議論と、TPPが何をもたらすのか、それは日本の農業にどうプラスなのかマイナスなのかという議論。これがまた一緒くたになってしまう。複雑にからみ合った糸を解きほぐす地道な作業よりも、単純明快なスローガンのぶつけ合いになってしまいます。「開国か鎖国か」とか。言葉の空中戦ですね。

田村　今の開国・鎖国論争、あれは最悪だね。

田中　だってもう日本はアメリカなんかに比べても、貿易の自由化度高いですからね。これはもう、国際的な統計でも出ていることです。だから当然とっくに「開国」はしていて、戦後ずっとその恩恵を受けている国なんですよ。それはもう間違いないんです。だから今のＴＰＰ問題というのは、やっぱり僕から見るとマイナーな問題なんですが……あまり大きい問題じゃないから逆に中野さんなんかも大胆なことを言えるのかもしれない。

アジア市場への期待度

麻木　今もいくつかアジアの国の名前があがりましたけど、これからアジア市場は日本にとって有望なんですか。中国、韓国、インド、インドネシア、マレーシア、ベトナム……。

田村　アジア各国は、ベースが低いところからスタートしているわけですから、育ち盛りの子供のように、成長するんですね。中国だって、非常に問題があって、私も何度か中国のバブル崩壊か、と分析してはいるんですが、日本型のバブル崩壊はなかなか起きそうにない。中国はまだ貧困層というか、農村部を中心に余剰労働力が何億人といるわけです。だからそういう国は、政府が資本を投入したり、中央銀行がお札を刷って国有商業銀行が金を貸せば、まだやはり動くんですね。中国の場合は、二ケタとまではいかなくても、一定程度の高成長は確かに続くでしょうね。

ただし問題も同時にどんどん発生する。高速列車が大変にでたらめなために追突しちゃったとか、ああいう事件はどんどん起こるし、それから不満を抱いた出稼ぎ農民が暴動を起こすとか、問題は山ほど出るんですけども、中国自身の成長はそれでも続いて、問題が同時に多発していくという、そのパターンが続くんだろうと思います。中国に投資する日本企業は、これは何年以内に投資を回収するべきかぐらいのことは、当然考えた上でやっているのでしょう。対中投資のパイオニアである香港の財閥首脳によると不動産開発は必ず三年で投資を回収するプログラムを組んで、実行してきました。その他アジアでいえば、インドにも日本企業は熱心ですね。

麻木 インドって、どんな感じですか。今、とても勢いを感じる国ですが。

田村 やっぱり貧困層が多いわけですから、成長するのは当然の話ですよ。一〇年前に、インドのちょっと郊外にスズキ自動車の取材で行ったことがあるんです。非常に印象的だったのは、ものすごく貧しい村で、牛の糞をベタベタ壁に貼り付けて乾かして燃料にするのです。そこに小学校があるんですが、僕が育った土佐の山奥の田舎の小学校よりもっとみすぼらしい校舎があった。ところが感心したことに、子供たちがみんな、学校の教室じゃなくて野外で勉強している。

麻木 まさに青空教室。

田村 青空の下で、先生が生徒たちに教育しているんですよ。それを見てある種の感動を覚えたのは、生徒がみんなものすごくまじめに先生の言うことを聞いて、一生懸命勉強しているんです。たまたまとおりがかった外国人のおじさんが近寄ってきてカメラを向けたのですが、みんな一心不乱に算数の問題と格闘しており、だれも顔を上げない。この国は伸びるだろうなと直感的に思わせるところがありました。

それからもう一つ言うと、インドの人たちはやっぱりゼロを発見した国ということかもしれないけど、国民性として数学に長けた人が比率としても多いんじゃないでしょうか。だから、カースト制だとか、宗教・宗派の違い、あるいは部族がいろいろ違ってとかいろんな問題は確かにあるけれども、インドの人的資源はある意味で中国より上かもしれない。

田中 というか、最近の中国は、国内であれ留学生であれ、大学生の質を見ると、明らかに日本とかアメリカと同じように質が落ちてきている。日本でも、分数ができない大学生とか、流行りましたよね。あの現象が、中国の大学生にも起こっているんです。言い方を変えると、教育を伸ばして経済発展に貢献させることができるという余地が、もう中国でさえもそろそろ限界に近づいている。

これは先ほど田村さんがおっしゃたように二重経済という面があって、農村部の貧しい境遇から都市部に移って、そこで高い所得を稼いで、自分の子供はいい学校に行かせれば、それだけ生産性に貢献して、経済発展にも貢献するという。日本もそういった経路を戦後たどりましたけど、そういった好循環みたいなものが、中国ではそろそろ転換点に差しかかっているんじゃないか。例えば神戸大学の梶谷懐さんが最近、『「壁と卵」の中国経済論——リスク社会化する超大国とどう向き合うか』（人文書院）というのを書いたんですが、そこではそういった転換がもう近いと論じられています。

先ほどの出稼ぎ労働者問題も質が変わってきていて、昔であれば、出稼ぎなので、都市で稼いだらお正月には田舎に戻るということだったのが、最近は違って、もう田舎から出てきたらそのまま都市部にいて帰らないという人たちが増えてきて、出稼ぎ労働の構図がもう壊れてきちゃっていると。みんな都市部だけに集中してしまっているなかで、中国の場合、日本みたいに都市で稼いだお金を地方にばらまくような再分配システムが未完成なので、どういうことが起きているかというと、都市の失業者が徐々に上がってきているんですね。都市で食いっぱぐれる人たちが増えている。そういうのを見ても、もう中国の労働市場は転換点が近くて、二重経済が急速に終焉しつつあるんじゃないかというのが最近の見方なんですよ。

田村さんがおっしゃったようにインドは全然違う。インドは元々、植民地時代以前の昔のいろんな王侯が地方に乱立していて、それぞれ勝手な経済圏をつくっているんですよ。いわば地方経済が分断化されているんですよね。だから地方から都市に出てくるには、二重、三重の足かせがあるんですよ。そういった意味で、まだ伸びしろがある。地方から都市への労働移動がもっと自由化されれば、インド経済はもっと発展する余地が確かにあると思います。

あとは、ベトナムとかインドネシアでしょうか。今そういう状況を予見して、例えば日本の企業がどこの外国人留学生を一生懸命とっているかというと、ベトナムとインドネシアの留学生をいっぱいとろうとしています。六本木にある外国人就職センターの統計を見ると、中国の留学生を欲しいという企業と、インドネシアとベトナムの出身学生を欲しいという企業とが、もう完全に拮抗しているんですよ。まさに企業とはそういったところで、利益が発生するところに目を向けているんですね。今度はインドネシアとベトナムだから、そこがいま一番欲しい、と。

インドはいろんな国が乗り込んできちゃってますから、日本企業には意外とハードルが高いみたいなんですよね。だから余り求人はない。ただしバングラデシュとかネパールとかパキスタンが、日本からは狙い目になっていますね。アフガニスタンも、国情が落ちつけば狙われるでしょう。そのうち世界一周して、戻ってきたりして（笑）。

産業の移転先としてのアジアと、市場としてのアジア

麻木　アジアと言っても二つあると思うんですよ。良質で安い労働力を当てにして出ていく先ということと、日本の高付加価値の商品を買ってくれる市場としてのアジアというのと。その市場としての面はどうなんでしょうか。例えばかつて日本はアメリカ人にばんばん車を売ったりしていたわけですけど、ある経済人に、これからお金持ちになった中国人やインド人が日本の車をどれくらい買ってくれるのでしょうかと訊くと、たぶんそう簡単にはいかない、と言われて。アメリカ人

は昔、一二〇万円で車を買ってくれたかもしれないけど、中国人やインド人は、おそらく日本の車でも三〇万円か四〇万円でしか買ってくれない。インドネシアあたりは、どちらにもなりそうな気がしますけど。

日本の目指す高付加価値路線というのを、「ガラパゴスだ。無駄な努力だ」と言う人もいますね。そんなものは一億の中だけの話で、世界の市場はそれほど過剰な価値は望まないので、高付加価値路線はバラ色ではない、と。

田中 でも現実には、最近はかなり急激に貿易黒字もなくなっていて、それは円高という要因もあるんでしょうけど、比較優位というのがあって、つくるコストが相対的に低ければ、絶対世界のどこかで日本の製品を求める国が出るわけです。その金額のボリュームまでは決められないんだけど。そういうところを見れば高付加価値のものを求める国はあるだろうと思います。とはいえ、実は「高付加価値」というのは経済的に怪しい概念なんですが……。

麻木 やっぱりそうなんですか。

田中 だから別に悲観することはないと思いますよ。実際に日本のいわゆる高付加価値と言われているような、例えばロボットとか工作機械とかは、依然として健在ですから。

麻木 ソニーや日産、トヨタとか、あるいはどの会社でもいいのですが、日本の誇るブランドだと思っていても、そういう企業が海外の工場で生産したものを海外で売ってしまうなら、もう日本人の雇用を守って日本人に給料を払うわけではありませんね。「コストが相対的に低ければ」ということは、日本の企業とその技術は海外へ打って出るけれど、日本人はおいていかれるということなのかしら、と。

田中　日本ブランドの地盤沈下はひどいですね。この間、ブルームバーグから取材が来たんですよ。めったにそういう外国通信社から取材に来ないのに何だろうと思ったら、その記者は日本人なんですが、いま日本の企業の話題が記事として成立しない、と。どうにかしたいと考えていたら、唯一あって、それは日本のアイドルについての記事ならば大丈夫だということで、僕のところに来たんですよね。しかも日本のアイドルじゃなくて、サムスンが日本向けのコマーシャルでＫＡＲＡを使っていると。ＫＡＲＡはすごく日本人にも評判がいいですから、サムスンが日本の市場に乗り込んでくるツールとして使っているというところを記事にしたいというんです。じゃあ、全然日本は関係ないじゃないか（笑）。でも日本市場へ韓国企業が乗り込んでいくという話だったら、何とか記事になるということなんですね。

麻木　乗り込まれる側としての日本、ですか。

田中　そうそう。だからそれぐらい、いま新聞記事としても、もう日本発の記事というのはほとんど売れなくなっちゃっている。

「日本人の雇用」は守りきれるか

麻木 日本人が一般的に「日本企業」だと思っていても、実は外資が入っていたりもするわけで、もはや日本企業というよりグローバル企業になっている会社も多いですよね。となると、いわゆる日本企業の発展と日本人の雇用は一致しないわけですね。メディアでよく、世界を舞台に頑張る日本企業の物語を目にしますが。

田村 日本人の雇用というと、要するに日本から輸出されるという意味ですか。例えば中国に進出して、中国でつくってとかいうのではなくて。

麻木 海外投資のリターンは円高で目減りしてしまうし、企業は海外へ出ていってしまい産業の空洞化が進む。そんな中で、日本で暮らす人々の雇用を支えるには、何に期待すればよいでしょうか?

田村 今のところ、日本のGDPに占める輸出の比率は一六〜一七%ぐらいで、歴史的に見るとこれはむしろ最高水準なんですよ。小泉さんの時代に輸出主導で景気が回復したと言われたんだけど、それで一挙に一七%までなっちゃったんですね。それ以後、リーマンショックでまた減っているけど、それでも一五〜一六%ぐらいでしょうか。

GDPのうちの比率でいうと、例えばドイツは四割近いですから相当高いですよ。だからドイツなんか、まさに輸出立国なんですね。日本はどうかというと、これは低いという見方をする専門家もいるけど、実はインパクトはものすごく大きいんです。リーマンショックでいかに日本が沈んだかというのを見ればわかりますが、輸出関連産業がものすごく至るところにあるわけです。だから、海外市場でのシェアがどんと落ちたり、あるは輸出額そのものが減ると、日本列島全体に影響が響いちゃう。そういう構造になっているでしょう。

中国向けの輸出など、おそらく内訳を調べてみれば、部品とかいわゆる資本財といわれるものは、中国の投資ブームが続く限りは増えますよね。あるいは、日本企業が向こうでシェアを高めれば、その関連の部品などは、中国に輸出もされていくわけですね。

貧しい人も結構多いし、潜在失業者はわんさといる。それが中国の高度成長を支える。恐るべき環境破壊、国土の荒廃、水資源の枯渇など工業開発にはもう限界があるんじゃないかと僕も思いますが、開発を止めるわけにいかない。工場建設がだめなら、不動産開発だとね。ただ、あそこは著しく不平等なんですよ。人口も、少なく見積もって一三億人、実際は一六億人ぐらいいるんだと、中国政府関係者から聞いたことがあります。

麻木　三億人もサバ読んじゃっているっていうのもひどいですね。

田村　中国大使館の人に言わせるとそうなんです。だから、それだけの人口を抱えていたら、仮に一割をかなり富裕な層と考えても、日本の中間層よりはるかに豊かな人が、相当な数いることになる。

麻木　それだけでも、日本列島分ぐらいありますね。

田村　だから中国自体が大変なマーケットであるというのは、これはまぎれもない事実です。ただし、やたら貧しい人も多く、農村部からの出稼ぎ労働者は大都市で戸籍ももらえず社会福祉などで差別を受けている。時折不満が爆発して、暴動に発展する。そういう状態がずっと続いているし、続くでしょう。でも、共産党一党支配は崩れない。社会底辺の不満を抱く層はばらばらで組織化されていません。中間層は私権意識を強く持っていますが、問題があれば、共産党官僚に掛け合うし、場合によっては袖の下を通して解決を頼む。

インドだってどんどん、いま人口が一二億人くらいで、これから中国を抜くだろうと言われていますね。

田中　そう、高齢化のわなを免れたアジアの国は、唯一インドだけです。

田村　だからもう人口構成から言って、まだまだインドは可能性がある。

麻木　インドや中国の一〇億人に安いものを一〇億個売ろうと思わないで、その中の富裕層の一億人に一〇〇万円のものを売ろうと思えば活路があるということですね。

田村　だから高いものが売れてはいますよ。ただし中国人は、日本製はばかにしていて、車なんかでもベンツとか、アメリカ車が好きなんですよ。

田中　昔の、高度成長初期のころの日本人と結構似ている。ただ、オタクの人たちも平日の日中の秋葉原に行くと、中国人やインド人が猛烈にフィギュアとか買っていますから。外人の町だもん、あそこ。
麻木 インド人もフィギュアを買うんですか。
田中 買う、買う。顔だけではインド人かインドネシア人かわからないですけど。僕は取材で二回ぐらいそこに行かされて、本当に外人がすごい、ばか買いしているなと実感しました。特に中国系はすごい買っていますね。
麻木 でも秋葉原でフィギュアを買っているけど、そのフィギュアの裏側に「メイドインコリア」とか「チャイナ」とか書いてあるんだったら、話にならない気もする。
田中 そういったところではたくさん買っていますけどね。確かに車とかは買いませんね。中国人の留学生に「日本の車を買う?」と聞いても、「買わない」と言っていますから。やっぱりヨーロッパ車とか。
麻木 何なら買ってくれるんでしょうか?
田村 日本車は、特にトヨタ車あたりがアメリカでは一番信頼性が高いと、消費者のアンケートをとると出るようですが、中国だと意外とトヨタが苦戦していますね。
田中 シェアも全然伸びないし。
麻木 中国人とインド人は、今、どんなものを買いたがっているんですか?
田中 中国人はやっぱり豪華なもの、つまりでかい車に豪華な内装というのが好きなんです。だから、一九六〇年代ぐらいのアメ車を持っていったら、本当にばか受けしますよ。リンカーン・

コンチネンタルとか、あるいはスポーツカータイプでドアが上に上がるとか、ランボルギーニ・カウンタックみたいなやつ。ああいう、はでなものが好きなんですね。見栄えの世界ですから、日本車みたいに高機能ですよとか安全ですよとか言っても、ぴんとこない。買う基準が日本と全然違いますよ。見せびらかし効果全開ですから、向こうは。

田村　上海など大都市は、狭い路地もあるけど、意外と道幅が広かったりするのでね。ただ、ものすごくいま混んでいますね。もうすごいラッシュで、渋滞がひどいい。

田中　交通規制で、車両ナンバーによって市街に入れる日が決まっていますからね。

麻木　何を持っていったら、喜んでドンドン買ってくれるのかな。

田中　だから本当に冗談みたいだけど、日本車だって中国向けは内装が超豪華ですよね。本革にするとか。

田村　不労所得を手にするような連中が結構多いわけですよ。党の幹部の息子だとか一族だとかという既得権益で。それこそ土地なんかが一番いい例で、公有制と言っているけれども、結局、党の官僚は自由にそれを売れるわけですよ。そこで必ずデベロッパーとの間に癒着が生じて、袖の下がどんどん増えるわけですよ。そういうコネ社会だから、所得の入り方がもう一部は尋常でないぐらいの額になるわけですよ。アングラマネーですから税金も払わないし、いっぱい貯まりますよね。だからそういう連中が、田中さんがおっしゃるように豪華なものを買う。

中国の大卒の就職機会は日本よりはるかに悪いのですが、親が日本円換算で二〇〇万、三〇〇万円を包んで、企業のトップにせがれの就職を頼むのが普通です。

田中　カード社会化していないし、相変らず現金決済ですよ。もう田舎に行ったら、成金たちは現金をゴムのバンドで止めて見せびらかしていますから。

田村　下手に銀行に持っていって動かしたら、いつ政敵から追及されて汚職の金だとなるかもしれないから、余計にキャッシュを使うのでしょう。

麻木　まだまだ世界は混沌としていて、その気になったら儲けられるところはある（笑）。

田中　日本みたいに、こんな紳士的にやりながら停滞していく国というのは、本当にどこまでお人よしなんだと。みんなにこにこ笑いながら、最後に玉砕しそうですね。

海外に流出する中国マネー

田村　経済の発展理論では、資本蓄積がどうなっていくかとよく言うでしょう。中国なんか見ていても、いわゆる資本蓄積という面では、確かに投入はどんどんあって、いろいろな意味で技術とか設備とか外貨という形で特に外資系がどんどん投入しているけど、中国からそうやって非合法に出ていく金もまた計算できないぐらい、すごいあるわけですよ。

麻木　非合法に出ていく金!?

田村　だから中国人でちゃんとした人が言うのは「いや、中国の将来は絶対だめです」と。なぜかというとそういう特権や何かにコネのある連中や、一般でも少し上層階級になった人は、必ず自分の子弟をアメリカとかカナダとか、オーストラリアに留学させたり何とかで、永住ビザをとって何とか移住させるんですよ。アメリカの場合は、前にも言ったように、なかなか就労ビザを出さない。すると永住権もとれない。だから最近はオーストラリア、カナダへの留学が多いと聞きます。

麻木　いざというときのために橋頭堡を築く……。

田村　で、いざというときには、身内が永住権を持つ国に……。

麻木　……資産全部、背負って逃げる、と。

田村　そうそう。というか、もう既にお金を逃がしているわけ。そういう人がいないと、お金を国外に持ち出せないから。

田中　かなりそのボリュームは大きいですよ。だって、貿易統計がゆがむぐらいの額なんですよ。明らかに矛盾が起こっていて、貿易黒字なのに資本収支も黒字とかね。本来はどちらかが赤字にならなきゃいけないんだけど、それがもう全然アンバランスなの。もう日本円に換算したら何十兆が毎年海外に流れている。

田村　海外に流れたその金が、不動産投資などでまたどんと中国に一たん戻るんですよ。だけど、それはもう外資のよそおいで入っちゃう。

田中　だからマネーロンダリングの国家版。

麻木　すごい……。

田村　だから中国に本当の意味で資本蓄積が行われているかというと、はなはだ疑問だよね。ただ、日本みたいに貯蓄という形でどんどん蓄積しても、海外でロスして数年間で一〇〇兆円も損するなんていう国もあるんだから、これは何とも言いようがないね。

田中　そうですね。しかし中国も、リーマンショック以降、やっぱり経済は傷んでいて、いま何とか持っているのは、やはり政府の財政支出が支えているんですよ。だからこれが少しでも緩むようだと、中国もあっという間に失速しますね。まさに、もう政府が支えているバブル経済なんですよ。いま財政緊縮ということはないんだろうけど、一つ事実上の財政緊縮と同様の効果をもたらすのが、やはり為替政策ですね。だから変動為替相場制に完全に移行して極端な元高を望むことは、絶対中国はしたくないでしょうね。でも国際的な圧力があるから、緩やかには変えていくんでしょうけど。

そういう意味で、日本が過去にたどった道を、ある程度は中国もたどっていくんですけど、これだけ日本が苦しんでいるのを見ていれば、さすがにデフレにはしないと思います。アメリカだって、デフレの脅威に絶えずさらされているし、世界経済全体がおかしくなっているから、中国の政策当局者もそこは考えていると思う。

麻木　中国で何かあったら、それこそ大暴動が起こりそうですが。

田中　と言われているんですけどね、本当に起こるんですかね。

麻木　報道が規制されているためになかなか伝わってこないけれども、実は労働条件に対する抗議のデモなどは頻繁に起きているとも聞きますが。規制がある中でも情報はネット等を通じて伝わっていくといいますし。そもそも都市部と農村部の格差の中で不満のエネルギーもある。中国の人々のパワーが、どんなかたちで噴き出すのでしょうか。

田村　インフレが続くと、ちょっとわかりませんね。中国でいま最大の問題は、物価の上昇なんだけど、特に食肉、豚肉の値上がりなんですよ。豚肉の値上がりが、年ベースで言うと六割とかという場合があります。中国人のお腹を一番満たすのは、豚肉なんですよ。肉食ったかとか、食った気がするとかしないとかというのは全部豚肉なんですね。だからその豚肉の値段がどんどん上がるというのは、これは相当の反発を買うわけですね。

田中　また、最近は一般物価も上がっているんですよね。あっちはインフレ目標を設定しているから、やはり金融引き締めモードに入っているんですけど。

麻木　中国はインフレ目標は設定してあるんですか。

田中　しています。ただ、金融政策を物価安定に振っているわけじゃなくて、事実上、為替レートの水準維持に振っちゃっているから、インフレ目標といっても日本とは異質です。

麻木　日本とは問題の質が違うんですね。

田中　全然違いますね。しかもデフレに陥る心配よりも、やはりどっちかと言うとインフレ抑制の方にいま関心が行っていますからね。そういった点で、一定の通貨高政策は容認するんですよ。どうしてかというと、通貨高を容認するということは事実上インフレ抑制に金融政策を振っていることになるんで。だから、前はドルと完全連動していたんだけど、徐々に元の伸縮幅が広がっていますよね。その背景が豚肉の高騰かもしれません。

III

提言――「公共投資」と「雇用対策」

真の「公共投資」が必要な時代

今こそ「公共投資」が求められている

麻木　私、経済学者や評論家の方にお会いする機会があるたびに「金融緩和をもっと進めないのはなぜですか?」と聞いてみるのですが、「金融を緩和しても無駄です。なぜなら資金はだぶついているのであって、なおかつもう日本人は欲しいものはみんな持っているので、これ以上に経済を成長させる需要を喚起することなんかできないのです」というお答えをいただくことが、よくあります。

田村　それが根本的に間違っているのは、政府も民間も国民が貯めた資金を国内投資に使わなければ、国が滅ぶという法則を忘れていることです。例えば公共投資の不足のために、全国各地では豪雨があって山崩れが起きたり、鉄砲水で流されるとかいう事態がもう既に至るところで起き始めているわけです。なぜかというと、これは内閣府の国民経済統計でもはっきり出てくるんですが、社会資本、インフラですね、その老朽化している部分がいま、新規投資よりも多いんですよ。ということは、もう日本のインフラがどんどん傷んじゃっている。

麻木　インフラの入れかえ時期ということですか。

田村　インフラの更新を絶えず怠ってはならないのです。国内資金がなければ海外から借金するしかないが、ご指摘のように資金は有り余っている。財務省の主計局エリートの方々に会うと、公共投資をここまで減らしたと言って、ものすごくいばるんですよ。しかし住民の犠牲において、あなた方がそれを誇りにするというのは非常におかしいじゃないかと僕はかみついている。日本は少なくともまず国土保全をきちんとやらなきゃいけない。それから、今回も震災があったわけですが、日本は地震列島ですから、それに強い国土にするとか。要するに、政府の役割というのは本来ものすごく大きいんですよ。これはケインズ理論であろうが何であろうが、関係ないんです。ケインズ理論なんか知らなくたって、このぐらいのことは為政者であれば江戸時代の将軍様だって考えますよ。幕藩体制の殿様だって、治山治水を真っ先に考えるでしょう。でないと領地と領民を維持できなくなる。それだけのインフラ、強靭なるインフラを持たなきゃいけないということを絶えず頭に置くというのが、国家のエリートとしても当たり前です。ところが今の財務官僚主導体制では、これだけ減らしたから、よくやりましたというのが官僚の方の手柄になる。政治家もメディアも大いに結構と同意する。何でそういう財務官僚の基準で日本経済を考えるのか。経済政策に関する知性が本当に日本は退化、劣化しちゃっているというか、ひどい状況になっているなという気がします。

麻木　お金を回すべきところが、ちゃんとあるということですか。

田村　いや、もういっぱいありますよ。例えば福島の原発事故以来、原子力がダメだということになっている。では新エネルギーをどうするのか。真に国際的に優れた新エネルギーの技術開発を日本じゅうでやろうと思えば、これは研究開発への先行投資として大変な資金が必要でしょう。そのお金はどこから調達するんだということです。お金があり余っているなら、そういうところでどんどん使えばいい。先行投資や技術開発投資を民間にまかせていたら収益性がまず問題になるから、遅々として進まない。であれば、公的資金を投じ、長期的に回収して行く。リスクを公的資金が引き受けることで民間資金を呼び込める。余っていて使うところがないというのは、単なる言いわけでしかないんですよ。

将来の世代に負担を残さずにきちんとした資産を残そうと思えば、より安全なインフラが必要であり、エネルギーの供給にもより不安がない社会にするのが当然でしょう。それから教育、研究開発、技術水準など、戦後日本が曲がりなりにも築いてきたと誇りにもしている分野をもう一回見直すべきです。実はもう全部韓国には抜かれています、中国にもこれは全然かないません、とか、それで何の投資の機会もありませんというのは、本当に何を考えているんだと思います。今の現実を見てみろと言いたいですね。

民主導の掛け声で、個別の民間企業のおしりをひっぱたいてやれ、やれと言ったって、それは無理な話ですよ。そうじゃなくて政府がきちんと、これだけの予算をとって、これだけ投資していきますと持っていかなきゃいけないですね。それなのに、政府の債務がこれだけ大きくなっていて、GDPの二倍もあって、いつ国債が暴落するかもしれないから、何もお金は出せません。とにかくもう増税に次ぐ増税、公共投資のほうはカット、カットで行きますということだけが先行している。無駄な部分をカットするのはいいんだけど、必要なところにはきちんと配分をしなければいけないんです。しかも、平時ではなく有事の際は、のんびりと仕分けの議論にうつつを抜かす時間はないのです。

歳出をどんどん削減しなきゃいけないということよりも、デフレの対策を優先してやらなきゃいけない。そこで何が最適なお金の使い方なのかというところに立ち返って議論してもらいたいと、私はいつも思うんですけどね。

発送電分離への「つくりかえ」を

田村　私は、いま必要なのは「改革」というよりも、むしろ制度の「つくりかえ」だろうと考えています。改革と言うと何か語感がいいのかもしれませんが、結局これは政治家の造語なんですよ。例えば小泉さんはなぜ構造改革と言ったかというと、やっぱりあれは動機が旧田中派つぶしですからね。

麻木　経済とは関係ない動機があった、と？

田村　動機が非常に不純なんですよ。だから、郵政にあそこまでこだわったんですよね。しかしそういうものだと、部分的にぶち壊すだけで、結局いびつなものしか出てこないんです。壊すなら、制度そのものを根本から設計し直して、じっくりつくり込んで行くというのが日本の伝統じゃないかと思います。江戸時代以降、日本の持っているある種の美徳というのは、物づくりとか、つくり込むとかよく言うでしょう。丹念に丹念に、小さなものから大きなものに至るまで、その奥のまた奥の細部に至るまで精密に磨き仕上げていく。目で見る、手で触るだけでなく、なめてみると、トヨタ自動車の部品購買担当の方から聞いたことがあります。それが日本人のモノづくり文化であり、その文化は日本社会そのものだと感じます。

つくり込むという語感からすれば、つくりかえることも国内のコンセンサスが得られると言うか、すんなりと受け入れられると思います。明治維新が成功したのは、じっくりと時間をかけて西洋のシステムを取り込んで行った丹念さにあると思います。まずは壊せばよい、という一八世紀のフランス革命、二〇世紀のロシア革命、あるいは中国の文化大革命の発想は日本と日本人には向かないのです。

例えば東京電力の問題についても、菅さん以降の民主党政権のやり方というのは、経産省官僚に任せたままで、今の東京電力及び九電力の地域独占、発送電一体化という戦後体制をそのまま維持しようとしているわけです。制度面で現状維持を前提にして弥縫策だけを考えているんですよ。私は基本的に発送電分離で自由化しろという意見に賛成だけど、それをやろうとすると、官民の既得権勢力からの抵抗はものすごく大きいわけでしょう。

それでは、例えば東京電力だけ思い切って発送電を切り離すことをやってみたらどうか。発電については、コジェネとかさまざまな新しい電源に投資する試みは既にあちこちで始まっているし、実際に安い電力を供給し始めている。であれば、例えば東京電力の発電部門と配電部門を切り離す。発電部門は原発で大変な負債も抱えていますが、配電部門は無傷ですし、しかも大変大きい規模の高度なシステムを持っているわけです。人材もいる、設備もある、技術・ノウハウもある。すべてそろっているわけです。

麻木　原発事故では、東京電力はその信頼性を大きく損ないました。責任問題については厳しく追及されるべきでしょう。しかし、東電は原子力発電のみの会社ではありません。ガスコンバインドサイクル発電やコジェネレーションシステム、スマートグリッドなどの技術や、それを担う人材は優秀。管理保守、メンテナンスの部門も高い能力を持っていますよね。

田村　だったらこの配電部門を、新会社として独立させ、株式を公開して売るんですよ。ここに外資が入ってくると、おそらくナショナリストたちは「日本の国益を売り飛ばすつもりか」と来るかもしれない。しかし、外資であっても一定の基準を設ければいい。外国の投資ファンドは、成長産業だと思ったら、結構高い値段でどんと投資してきますから、沢山の新規上場益をいただけばよろしい。配電部門を新会社にする一方で、電力の方は、東電系統であろうがなんだろうが新旧の発電会社、大きいものから小さいものに至るまで対象にして、電気購買をどんどん競争入札にかける。安くてよいと評価できる会社から調達しますというふうに持っていく。すると買電して配電する新会社は電気料金を低めに抑えながら高収益を稼ぐこともできる。そうしたら原発事故の賠償のお金も相当の部分、払えるようになると思うんですよね。本当にそうなるかどうかは、それこそ、きめ細かいつくりかえが必要ですけどね。

そして、もっと大きな受益は、消費者や企業、つまりユーザーにあるわけですよ。電気料金がこれ以上高くならず、むしろ安くなるかもしれない。だから消費者はもちろん、今の東電管内に立地している企業にも、当然のように利得が生じるわけです。

では発電部門を、原発の部分をどうするか。発電部門に対しては、切り離した配電部門の収益を還元させるとか、いろんな手法を組み合わせればいいと思います。いずれにしても今のようにもうさんざんぶったたかれながら、役員も半ば居座るような形で残り、しかも電気料金はどんどん上げるということだと、おそらく東電自体の社会的な存在意義そのものが、モラル上ものすごく低下すると僕は思うんですよね。だからもうすっぱりと出直すというか、つくりかえればいい。

東電の発送電分離をモデルにして、あとは全国の九電力体制そのものも、そうやって見直していく。私は、これは平和革命でいいと思うんです。何の出血も破壊も要らないんですよ。だって、今の東京電力の人材とか設備を廃棄する必要は全くなくて、それをそのまま継承すればいいでしょう。つくりかえるだけで、ずいぶん新しい可能性が出てくる。しかも太陽光発電を含めて、日本の民間企業はいろいろな大変な技術力も持っていて、そういうところがどんどんこのエネルギー部門に投資をするわけですよね。だからそこに民間貯蓄も投入されていくようになるわけです。つくりかえるという日本人の発想の原点に立ち返って政策転換すれば、ずいぶん私は日本の可能性は開けてくると思うんです。そういうことを、これほどの災害が起きなければ、だれも考えることもできなかった。

麻木　言うこともできないし、思いつきもしなかった。

田村　大震災や福島原発事故がなければ、それを言ったところで、あいつはおかしくなったということでつぶされちゃうということだったかもしれない。あるいは小泉さんのように、政治的な不純動機から「ブチ壊す」という離れ業で改革ということはありうるのですが、それでは申し上げたように、根本的解決にはなりようがない。

専業農家の危機感

田村　これはTPPにもかかわるんですが、東北の場合、私はやはり農業、漁業もつくりかえる発想の方がいいんじゃないかと思います。例えば、宮城県のイチゴの亘理農協を取材に行ったんですけど、農協の指導者の方は何をすべきか、制度の現状復帰、在来型農政は意味がないと、実はものすごくよくわかっている。イチゴの農地が全部海岸部にありましたから、みんな流されちゃってどうにもならんのですよ。家も畑も、みんななくなってしまった。ところがいま再起しようとしている人たちは、みんな専業農家で比較的若い農業者が今チームを組んで、津波の被害を免れた周辺の遊休農地をどんどん集めようとしている。最終的には、遊休農地を集約、再編成して大規模農地として整備し、ビニールハウスを建てよう。大規模農地にして高品質のイチゴをつくれば、我々は国際的なマーケットにも進出できるんだ、という確信に満ちています。

麻木　つくりかえることで立ち直れる。可能性が拡がるということでしょうか。

田村　上海でも香港でも、ニューヨークでも、亘理のイチゴというので、高い値段でこれは絶対に売れるはずだという意気込みです。そこで、彼らがすごく生きがいを持ってやろうとしているわけです。

だけど、ではそれに対して国がどれだけのサポートをするか。まずお金はもちろんですが、補助金というよりも、むしろ融資でいいわけですよね。債務保証すればいいんですよ。もっと大事なのは農地の再集約、大規模化への制度的なサポートですよね。これをやらなければいけない。もう一つは民主党が編み出した今の農家所得保障制度です。これは、農村票を獲得しようという政治の不純動機に基づく農家に対するばらまきです。この動機不純のばらまきはやはり、変えなきゃいけないですね。どういうふうに変えるかというと、要するに専業農家だけに絞っていくということです。

麻木　農家といっても専業か兼業か、地域ごとの事情等々、ひとくくりに出来ないはずなんですけどねえ。どこにどう政策の的をしぼっていくのか、あいまいになってしまった感はあります。

田村　専業農家に的を絞って大規模経営を可能にしていくという目標さえきちんと立てて、それに向けて必要な政策をつくりかえていけば、これはかなりうまくいくんじゃないか。つまり震災という大災害を受けたがゆえに、農業者の方も意識改革がいま行われているわけです。地域全体としても、なるほど、そういうことで行かなきゃいけないんじゃないかというコンセンサスが生まれつつあるわけですね。この機を利用しない手はない。

だけど今、政府の復興構想というのは何かすぐに「特区」だと言うでしょう。企業が入ればいいと安易に考えている。企業が入ればいいかということについて、僕はその農協の指導者といろいろ話をしたんですが、彼がいわく、それは別に入ってもいいですよ、だけど農業というのは、あくまでも地域産業です、と。農業は地域社会を支えるわけです。農業という産業は地域の雇用・福祉ばかりでなく、自然・環境の保全や祭礼など伝統文化の継承、神社仏閣、墓地などすべて非常に重大なる責任を負うのです。もし企業が参入して、大きな農地を買収したり買い上げたりしたとして、儲からなかったときに、株主が承知しないから、では撤退しますと言ったときに、あとに何が残りますか、と。「我々地元の専業農家は、絶対そういうことはないですよ」と組合長さんは言う。要するに、これは自分たちのコミュニティですから、ちゃんと自分たちがいながらにして土地に対して責任を負う。そして、「地域全体の中でいかに農業ビジネスをマネージするか。それが一番わかっているのは、実は我々だけなんです」と言うわけですよ。もうなるほど、僕も土佐の山間部の田畑育ちで、よくわかります。そういうことなんだよなと思いました。

要するに中央で考えることは、特区さえつくれば何か大企業が行って、それでいかにも競争力のあるものができるかのごとき幻想を抱いているわけです。実際に農業をやってみるとわかるでしょうけれども、ある意味で、あれほどつらいものはないですよね。強風が吹いたり、霜が降ったり、台風がちょっと来たりすれば、真夜中であろうがなんであろうが駆けつけなきゃいけない。しかし土地や水、自然と接することのある種の喜びというものを、やはり専業の農業者たちは身をもって感じているわけですね。そういうところで、資本の論理だけで農業が競争力のあるものになるという発想には、やはり重大なる疑問を抱かざるを得ないですね。

漁業の再編は可能か

田村　漁業者の方は、じゃあどうか。要するに今は漁業権を漁業組合員がみんな持っていて、漁業組合員じゃないと漁業権はもらえないわけです。だから企業も組合員として認めて、漁業に参入させろ、と。そうしたら企業が大規模経営で漁業をやるというんだけど、まず基本的に問題が生じるのは、東北の沿岸部では漁業資源がもう枯渇しているんですよ。企業が入ったところで、沖合で根こそぎ獲っちゃうようなことでもしない限りビジネスが成り立たないし、仮にそれをやっても短期間しか続きませんよね。だから資源保護とか全体的なプランニングをしっかりやる必要がある。しかも企業の役割は単に魚をとるだけじゃなくて、水産加工や、地域特産の農産物と組み合わせて新しい加工食品をつくるとか、いろんなところのデザインがはっきりしなければいけないですね。やはり漁業のつくりかえという視点に立って企業の役割を位置づけていかなきゃいけないですね。

しかし、漁業資源とか、森林や河川など周辺の自然資源や環境の保護・保全とか、そういうことに本当に体全体で取り組める人たちは、実は地域に根ざしている漁業組合員なんです。これはもう、まぎれもない現実です。よそから企業が入ってきて雇用したら何とかなるという問題じゃないんです。あの人たちは、海底に沈んでいる重いがれきを、定置網でも底引き網でもなんでもいい、網が破れても引き上げているわけですよ。それに日当が払われているわけですけどね。収益性を度外視し、またこういう精神的にもつらい作業なんかは、地元の海に限りない愛情を抱く地元の漁業者じゃなければできない話です。

麻木 私は震災後、支援活動に取り組んでいる友人に連れて行ってもらって南三陸へ二度行ってきました。漁業も後継者不足が言われていますが、あの辺りには跡を継いだ若い漁師さんも多いそうです。が、みんな震災で、船を流され、家を流され、身内や友人を亡くし、と、大変な打撃を受けました。小さいお子さんを連れたある若い漁師さんは「船が流されて漁に出られないので、当面、駐車場の管理の仕事をすることになった」と。漁師以外の仕事をするのは初めてなので不安だというんですね。なにが不安って、「自分は人に雇われるという経験がない。自分の船に乗り、自分で魚を捕ってきた。そんな自分がうまくやっていけるかなあ」というんです。そして、「また海に出たい。三陸沖は宝の海だ。努力に報いてくれる海だ。海に戻れさえすれば、あとはなんとかなるんです。必ず生活を立て直せるし、立て直します。だから一日も早く戻るためにも今は頑張って働きます」って言ってました。その言葉に、漁師の仕事に対する誇りと愛着の強さを感じて胸を打たれましたねえ。こういう若い人たちに、思う存分、好きな仕事をしてほしいと思いました。

またある人からは、「漁業は加工業とセットでなければ本当には復興しない。取りあえず共同で船を購入すれば補助金が出ると言うので、いま、その話が進んでいる。ところが加工業の復旧のめどが立たない。大量の在庫もろとも冷蔵庫を流されてしまった加工業者が自力で再建するのは容易じゃない。といっていつくるかわからない補助金を待っていられないので、支援団体などの協力も得て、五〇〇〇万集めて、プレハブみたいな建物だけどとにかく加工場を一棟建てる算段がついた。が、ほんとうは三棟くらい建てないと漁師が船を調達してせっかく魚を捕ってきても受け入れきれない。どうもアンバランスだ」ということでした。相変わらずの縦割り行政で、漁港関連は水産庁、流通加工業は経済産業省、港湾は国土交通省。復興予算の配分やそのスピードが全体のバランスをトータルで見ることが出来ない。これでは「つくりかえ」という視点からのプランニングも出来ませんし、プランニングのコンセンサスを得ることに時間をかけることも出来ません。生活は待ってくれませんから。復興庁がようやく二月に発足って、遅すぎるでしょう。

社会資本がへたっていく

田中　僕は、実は国土交通省の御用学者なんです（笑）。まさに社会資本整備審議会の委員なんですよ。そこは東大の派閥の牙城ですが、なんでそこに僕みたいな早稲田出身で、しかもマイナーな大学の教員が食い込んでいるかというと、要するに民主党の政策枠ですね。今まで自民党のあいだは、こういうところに国交省とか財務省もかなり絡んでいますから、そういったところにある鉄の牙城というのを破るために、おまえがやれと言われたんですよ。

今まで社会資本整備審議会は何をやっていたかというと、事実上ただの判子を押すだけの機関です。年に一回会合を開いて、ただ承認して終わりだったんだけど、今回は本当にプランニングから何から口出しして策定して、それを最終的には政策として、政治責任で決めるという。そのための下部組織として、実行部隊として位置づけるように法案も変えるからやってくれと言われたんだけど、その法案もなかなか簡単には審議してくれないんですよ。どうしてかというと、委員会の理事が財務省派なんです。そういった自由裁量みたいなものを、なかなか国交省に渡したくないわけですね。

結局、先ほど田村さんが言ったように、社会資本整備にかけるお金を絞れば絞るだけ、財務省には都合がいいわけですよ。だからそんな勝手な裁量権を国交省の、しかもだれともわからないような委員の集まりに渡すなんてとんでもないから、事実上審議入りしないで、委員長が抱えたまま、今のところもうほとんど廃案になりそうなんですよ。この間、民主党の国土交通省の担当の議員の方にそのことをいってもその法案の存在自体知らないみたいで（笑）、まるで旧自民党の議員と話すみたいな応答でした。そこでも民主党の族議員化みたいなのがすすんでますね。だから僕なんかも以前と同じように、ただ年に一回、事務局がご説明に来て、僕なんか出席できないような日にちに会議を設定されて。

麻木　すごいですね。

田中　すごいですよ。御用学者を一回やってみたかったんですよ。どうしてかというと、経験がないと何も批判ができないじゃないですか。本当に、僕は「御用学者になりたい」と言ったんですよ。だって、審議会の委員になれる人は、さっき言ったように国立系の人が中心になっちゃうので。

なってみたら、御用学者というのはいないんですよ。「無用学者」がいるんです（笑）。そこで何をやっているかというと、まずその審議会の議長を決めるわけです。何と一回も会合を開かないうちに、事務局から「この人物こそ議長にふさわしいですから、どうぞ承認してください」という通知がメールとか文書で来るのね。一回も会わないんですよ。東大の何とかという先生とか、中央大の何とかさんとか、肩書しか書いていないわけ。だから、その人が一体何者なのか、僕は、グーグルで検索してやっとわかったんです（笑）。こういうことをやっている人だったと。

一回も会合をやらないうちに議長を選べ、と。もし他にだれか候補がいる場合は、選んでくれということでした。それで委員が一五人ぐらいいるんですけど、一三人ぐらいは事務局が推した人間に入れて、残った二人のうち一人は棄権で、もう一人は僕で別の人を指名したんですが。

それで、僕はすごく抗議したんですよ。一回も会合を開かないのに、どこのだれともわからない人を議長に選べない、と。しかもその人が事務局と打ち合わせをして、何かもう大御所で、学生の相手なんか全然しないから暇なんですよ。それで、学期中の平日に会議をやっちゃうから、忙しい人はだれも来れない。後でこんなのが決まりましたから、承認の判子を押してくださいと。だから改革的なことは全然決まらないですよ。で、国交省は財務省の方針に全然逆らえないから、少子高齢化を盾にされて、社会資本のまともな整備なんかできなくて、やたら予算を削減していくという。当然メンテナンスもできないですよね。だからどんどん社会資本自体がへたっていくというのは、もう今だれでも共通認識でありますよね。

カットの前に、まず再評価が必要

麻木　お二方の話を聞いていても、国内に投資すべきところはまだ幾らでもあるし、きちんとやるべきなんだけれど、国交省とか農水省とか経産省とか、最近だったら環境省とか、省庁にまたがって相変わらずの縦割りなものだから、いつまでも「つくりかえ」に結びつかないような気がします。本来それをやるのが国家戦略局とか言っていたんじゃなかったっけと思うんですけど。例えば農業のことにしても、漁業のことにしても、あるいは道路一つにしたって、全体のプランニングがされなければ、まともな国内投資の機会は出てこない。そんな状態なので金融緩和をしても金を使うところはありませんという話になってしまっているんじゃないでしょうか。

田村　そういう人たちは、考えることをサボっているんですよ。考えたくもないんでしょう。

例えば東京都もそうですけど、途中でちょん切れたような環状何号線とかあるでしょう。私の田舎は高知県なんですけど、何があるかというと、寒々とした空疎な空間だらけです。山間部は過疎で草茫々で廃屋だらけで、猪、鹿、猿の天下になっている。かろうじて残っている棚田のあぜ道を通るためにはマムシよけに犬を先に歩かさなければならない。ワンちゃんは下脚をマムシに噛まれても大丈夫なんです。縄文時代に舞い戻ったのですね。

人口減少に歯止めがかかっている平野部の旧市街地も幅の広い道路で切断されています。木枯らしにさらされる夕暮れ時なんか、黒沢明の「用心棒」で描くうらびれた宿場町のごとく、人の気配というものがまるでない。そこに国道や県道のバイパスを通すんだと言ってみんな立ち退いて、飛び地に何か新しいタウンができたけど、昔の集落は分断されて孤島になってしまった。もともと必要性に疑問があった高速道路の工事のほうは、ところどころで中断されているわけです。そういう公共事業には意味がないどころか、地域社会を破壊します。これで公共投資を再開したところで、地域の破壊を招く悪循環に舞い戻るだけで、地域のだれもよくならない。

麻木　そのいらだちをぶつけるがごとく、「全部無駄だからカット、カット」みたいな話になってしまっている。

田村　公共投資はすべて無駄だという財務官僚論理に妙に説得力ができてしまった。そんな具合で、非生産的な投資でもみくちゃにされてきた国土や地域社会をどういうふうにつくり変えるかという発想すら許されなくなっている。だけどこれは政府部門の話ですから、きちんと今の公共投資政策の何がいいのか悪いのかということを、それこそ国土交通省でもいいから再評価して、田中さんのように御用学者じゃない人を集めてどんどんやらなきゃいけない。それこそ政治主導でやれよという話なんですよ。国土計画や国土づくりで優秀な学者の方々は結構いるんですけどね。

雇用を犠牲にするな

円高の継続は設備投資を殺す

麻木　復興需要も含めて、全体として日本の国内投資の方向性というか、将来像というのはどうですか。

田村　金融緩和をしても、いくらやっても民間投資が起こらない、と言いますが、民間投資は起こるんですよ、マクロ経済的な意味で。どういうことかというと、経済統計データをとればすぐわかるんですが、円安のときには必ず民間設備投資がどんと上がっています。円高とともに、沈んでいるんですよ。設備投資は、円相場連動なんです。

小泉さんのときに経済政策で唯一彼が得点を稼いだのは、実は円安誘導なんですね。あれはブッシュ・小泉関係で、アメリカの方は最初、小泉の構造改革は大いにいい、やるべしと後押しした。だからアメリカにとって都合のいいようなことばかり、ブッシュ政権の方で期待して、全米商工会議所の東京の方がいろいろ提言を出して、それが小泉にそっくり採用されたとかでいろいろ物議をかもしたけど、まさしくアメリカのねらいはそこにあったでしょう。

小泉純一郎がそうやって構造改革に打って出たんだけど、最初景気が一向によくならなかったんです。そこでアメリカのブッシュ政権の方も考えて、じゃあもう円安誘導を容認するかということで、黙認することにしたんです。その結果、いま島根県知事の溝口善兵衛氏が当時の財務官で、相方の、いまスタンフォード大学の教授のジョン・テイラー財務次官と話をして、円安誘導に文句を言わないということになった。それでテイラーもあきれるほどの、大規模な円売りドル買い介入をどんどんやったんですよ。それを一年間続けた。そこで日銀のゼロ金利、量的緩和政策とちょうどうまく重なって、キャリートレードが起きて、それで日本からどんどんアメリカへお金が流れて、それが結果としてアメリカの住宅バブルの方に貢献しちゃうんだけど、とにかく、それで円安が進んだでしょう。そうしたら、みるみるうちに輸出産業の競争力が回復していくんですよ。

それで何が起きたかというと、九州地区を中心に、トヨタもキヤノンもそうですが、季節工を雇うのが主とはいえ、設備投資がどんどん起きたんです。円安とともに設備投資が起きたから、九州は結構よくなったんですね。先日なんか、新聞のコラムで超円高について書きましたら、前の福岡

円高で日本国内は活力を失い、貧しくなってきた

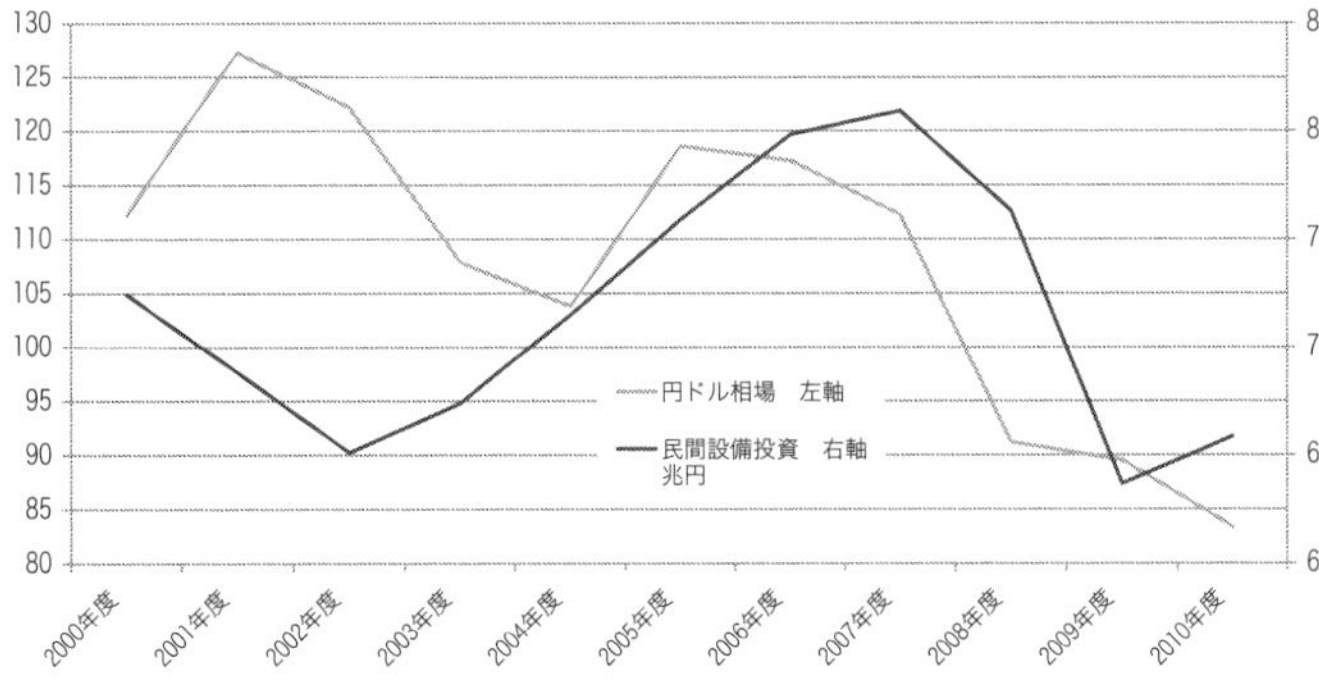

県知事の麻生（渡）さんから電話があって「田村さん、もっと書いてください。もうとにかくこの円高は、本当に危機的です」って、悲鳴を上げています。

円高が続くことで、日本の民間設備投資がどんどん低下しちゃうんですよ。それが今の状況なんですね。こういうのはもう経済学者の人でなくても、我々のようなジャーナリストでもちょっとデータをとっておいて、ぱっとエクセルで直したら見事に出てくるんだから。

麻木　戦後最長の景気拡大、いざなぎ超えだと言われても、所得が伸びなかったために実感が湧かなかった。雇用の質も正規から非正規へと変わってしまった。再び景気が失速したとき、前より悪くなった。その原因を「小泉構造改革のあやまち」という人もいれば、「構造改革は間違っていない。むしろ、改革が足りないからダメになった」という人もいて、議論は二分します。が、小泉政権下での円安誘導についてはもっと注目されてもいいですね。「あの時は日銀も歩調を合わせてよくやった」と、田中さんも、もっと褒めたらどうでしょうか（笑）。

テイラー・溝口介入の実像

田中　いや、その円安誘導は「テイラー・溝口介入」と言われているんだけど、あのときはちょうど日銀総裁をかえるというときに福井（俊彦）さんにしようといって、これは当時、政権内で深く関与していた高橋洋一さんに聞いたんで確かなんでしょうけど、やはりデフレ対策を約束させたと。だから、当初はやってくれたんですよ。ただの為替介入というのは、マッチポンプでしかないので、やはり金融政策、金融緩和を伴わないと全然意味ないですよね。それは確かに一年間やってくれたんだけど、デフレを十分に脱出しないまま終わったんですよ。それはどうしてか。もうやっている最中から僕たちはうさんくさいと思っていたんです。これはたぶん物価上昇率が〇%ぐらいになったところで終わるなと思ったら本当に終わっちゃったんで、逆に焦ったくらいですが。

つまりプラスにならない前の〇%そこそこでやめちゃったらどうなるかというと、何か外部で経済ショックが働いちゃうとまた元に戻っちゃうんです。例えば、日銀政策委員会の審議委員をやっていた中原（伸之）さんだとか、あと岩田（規久男）先生とか僕なんかも、当時新聞とかテレビで言いましたよ。こんな状況で量的緩和を終わりにしちゃったら、また元の木阿弥になっちゃうと。何か経済的なショックが働いたら、またデフレになるよと言ったら、それがリーマンショックという大波で来てしまったんです。

実はそれ以前に、日銀は量的緩和をやめたから、失業率が徐々に上がっていて、なおかつ鉱工業生産指数という経済の活発度を表す指数も下がってきていたんですよ。地方経済も急速に冷え込んでいきました。そこでリーマンショックが起こった。つまり、みずから進んで金融緩和をやめてしまって、事実上の金融引き締めをやっていた中でリーマンショックが発生したから、アメリカ、イギリスよりも極端に落ちてしまったんですね。

麻木　でも一般的な理解としては、やはり景気対策における金融政策の効果というのはわかりづらいです。だからどうしても構造問題ばかりに目が行ってしまう。金融政策の効果があった部分については、もっと評価し、一般共通の認識にしてほしいと思うんですが。

田村　だけど日銀は、田中さんもおっしゃるとおり物価上昇率が〇%台であれ四カ月連続でプラスになったからと、さっさと打ち切っちゃったんですよ。

麻木　うーん。内心嫌々やっていたということでしょうか。

田村　それで何が起きたかというと、まずキャリートレードの巻き戻しというやつで、お金が逆に本国に戻るようになったから、円高になるでしょう。同時に何が起きたかというと、日本の株がどんどん下がるんですよ。そして次に何が起きたかというと、今度はアメリカの住宅価格が下がったんです。全部連動したんです、円高と。だから、すべて日銀のせいだとは言いすぎだけど、日銀は大変な間違いをしでかしたと言われて仕方ない面がある。

就職率への影響は明らか

田中　やっぱり重要だったのは、その二〇〇三年の円安介入以降、非正規雇用に歯止めがかかるんですよね。ニートの数も歯止めがかかってくるし、若年失業率も低下して、雇用の方にもいい影響が、円安介入——本当は金融緩和ですが——で生じ始めたんですよ。でも、やはり雇用はラストランナーなんですよね、まともになってくるのが。雇用情勢がいまいちはっきりしないうちに事実上の金融引き締め政策に転換したから、一番割を食っているのは若い人たちですよね。

僕は大学で就職委員長なので、大学の就職統計を見ると、明らかに量的緩和をやめてから就職率は下がり始めるわけですよね。今は、もう最悪を記録している。一番深刻なのは、高卒の人たちです。高卒の人たちはちょっと景気が下ぶれすると、製造業を中心にもうほとんど勤め先がなくなってしまう。じゃあどうするかというと、みんな大学に来るんですよ。二一世紀になったら、少子化で大学はどんどんつぶれると言われていて、僕の大学なんかも冷や汗ものだったんですけど、つぶれていないでしょう。

麻木　ここ二〇年くらいの間に、大学の数はすごく増えているんですね。子どもの数は減っているのに。国立は少し減りましたが、公立は倍に増えて、私立も合わせて、一・五倍くらい増えています。

田中　それはどうしてかというと、二一世紀になって大学進学率が上がってしまっているから。不景気で、高卒では働けないから、とりあえず地元の大学に行っておこうと。だから、地方の大学は全然つぶれないんですよ。地元の人たちが、緊急避難的に来るから。しかし、大卒になっても不景気で就職先がない、と。じゃあどうなるかというと、大学院とか専門学校に行ってしまうわけです。本当ですよ。だから専門学校もつぶれないし、大学院はもう大繁盛ですよ。

だけど、その先はないですよね。だから、高学歴ワーキングプアの問題が出てくるんですよね。大学院卒なのに、職がない。最近、芥川賞を受賞した円城塔さんも、立派な学歴を持っていてもポスドクという身分保障のない立場で研究生活を続けていた。アメリカでは全然違いますよね。アメリカは大学院卒の方が大卒よりも給料が高いし、失業率が高いなんてことはあり得ないから。日本は、そういったいびつな形にどんどんなっているんですよ。東日本大震災でも影響が最も出ているのは高卒ですから。意外と大卒は大丈夫なんですけどね、後期になって盛り返して。やはり大学に進むというのは、かなり今年度も加速化しているんですよ。僕なんか大学の教師だから実際それは喜ばしい現象かもしれないけど、社会全体からすると問題の先送りで、結局若い人たちの可能性をいたずらに無駄にするような期間が長くなっているんですよね。

金融政策は社会問題になりにくい

麻木　そういうふうに割を食う人たちほど、ハードランティング的構造改革の発想に親和的というか、要するに既得権益層があるからだめなんだ、だからぶち壊せという方に流れる。ある種のぶち壊し願望みたいなものに期待してしまうところがあるじゃないですか。それを受けて、勢いのいいことを言う人のところに票が集まることになり、じゃあこの公共事業をぶった切ります、はい、この公務員をぶった切ります、と、あれもこれもぶった切っていく。その都度、溜飲は下がりますが、結果、では一体どこにまともな国内投資があってまともな雇用が生まれるのというと、そのことは全然明らかにされない。一方、金融政策に対する一般的な関心は全く高まらず、やがては社会の安定のために必要な〝中間層〟がどんどん減ってしまう、ということでは、やっぱり困ります。

田中　どの先進国も、実は金融政策というのは知的エリートの問題で、民主制の問題にはなりにくいんですよね。それでうまくやれていたんだけど、日本の場合は不幸にして、地方大学のこの僕でさえも政治に手を突っ込んじゃうという意味では、リフレ派も追い詰められているんだけど、日銀も結構追い詰められていますね。もうなりふり構っていないですから。昔であれば、例えばさっき言ったように、民主党の代表選候補者のところに日銀の幹部連が大挙して押し寄せてきて、そこで説法を行うなんてことはしていなかったし、日銀総裁がいろんなところでハイパーインフレーションの可能性を軽々しく言うなんてことは、もう数年前までは信じられないですよ。一国の中央銀行の総裁が、自国の通貨の信認がひょっとしたらなくなっちゃうなんてことをぽろっと言うなんて、国際慣習上考えられないですよね。

麻木　そもそも、民間企業だったら、社長自らが「うちはもうだめですよ、潰れちゃうかも」なんて、言った途端、それこそ本当に潰れますね。株価暴落。日銀の総裁がハイパーインフレになっちゃうかもと言ったり、一国の総理がうちの国債はギリシャみたいにパアになるかもって表で堂々と言えるうちは、まだ大丈夫なんだろうと思っちゃうんですが。

田中　実際には、本当にはそういう危険がないから言っている。

麻木　本当だったら、言った瞬間にそうなっちゃうわけで。

田村　そんなことを言う首相とか中央銀行の総裁なんていうのは、世界じゅう広しといえども日本だけですよ。

田中　だからやはり、そういった上に立っている責任ある人たちも何か知的に追い詰められているのか退廃しているかのわからないけど、日本全体がある種不思議な国になっちゃっていますよね。

麻木　国民的議論とよく言われますが、何か、かみ合っていないんですよね。議論が積み重なっていく感じがしないというか。

田中　かみ合っていないですよね。だからそこはどうにかしなきゃいけないんだけど、やっぱりマスコミ自身にも問題がある。

麻木 例えば、金融政策をもっとしっかりしろというデモは起こしづらかったとしても、要は雇用対策をしっかりしろというのでもいいと思うんですよ。

田中 それは重要ですね。

麻木 雇用対策というのは、政治の役割として最も重要ですよね。ところがその議論に、努力とか自己責任とかをまず持ち出してしまう。よく、「努力した人が報われる社会」という言い方をしますが、この言葉にはちょっと注意が必要だと思っているんです。一歩間違うと「報われない人間は努力が足りないのだ」という論理にすり替わってしまう。しかし、デフレ下で全体のパイが小さくなっていく状況では、誰かの成功はイコール、他の誰かの損ということになる。個々人の努力は、いわば足の引っ張り合いに向けられる結果になってしまう。そういう消耗戦の中で、〝中間層〟がじわじわと薄くなっていく。そんな恐れを感じます。安定した生活の見込みが立つということは、とても大事なことであり、政治が最も目配りすべき問題だと思うんです。

田中 だから雇用の問題に引きつけるというのは、本当に重要ですね。

雇用を俎上に載せよ

田中 先ほど言ったように日本銀行法には、物価の安定と金融システムの安定の二つの目的しかないんですが、アメリカのＦＲＢみたいなところでは雇用の最大化と物価安定が謳われているんですよ。だから日本銀行も、目的として「雇用の最大化」を入れて、それと物価安定で行こうというふうに日銀法を改正する動きは、一応政治勢力的にも小さい影響力ながらずっとあるんです。だから、その声をどんどん大きくしていかなきゃいけないですね。雇用に対する注目というのは、本当に重要だと思います。

ただ、日本の雇用システムはやっぱり独特で、現実にあまり失業率は上がらないじゃないですか。実際には、ひどい企業内失業みたいなのがすごく広範に起こっていると思いますし、逆にリストラが進んでいるところでは、過密労働みたいな状況が起こっていたりもするんですが。いかんせん失業率が、あまり高くなっていない。それはやっぱり、今言った企業内失業とか、あるいは若い人たちの雇用の変貌（つまり非正規雇用の累増やニートの増加）いう形で抱え込んでしまうからです。こんなことはあまり欧米の企業社会では見られない現象ですけど、日本はそういうのをやってしまう。

麻木　いまは抱え込んでいますけど、ある瞬間抱え込めなくなって、ばんとお盆をひっくり返すようなことになりませんか。

田中　それが二段構えになっていて、まだ賃金を切り下げるという手法や、ボーナスをカットするといったところでいろいろ工夫のしようがあるんですよ。このまま続くと、日本経済は今の停滞状態であと一〇年ぐらいは平気でもってしまいます。そうなってしまうと、やっぱり若い人たちはどんどん割を食って、いま二〇歳過ぎぐらいで職がなくて、非正規雇用でずっと働いていたら、一〇年後、日本経済がもうどん詰まりに来たときに三〇過ぎですよね。そのときまでずっとコンビニでレジ打ちしかしていなかったら、全く人的資本の蓄積がないから、ただでさえ危機的な状況のところで、もう全然経験のないまま中年にさしかかった人たちがいっぱい存在してしまう。もう日本の人的資源のストックが枯渇するような状況になりますね。その状況を、多かれ少なかれ二〇年間ずっと継続してしまっているんだけど、やはり声が小さいから、だれも真剣にフォローしようとしていない。

例えば連合の会長は、日銀法改正で「雇用の最大化」を入れろと言っているんですよ。最近は言わなくなってしまいましたが。そういう人もいることはいるんですけど、やはり日本の国家規模の労組は何か企業寄りというか、経団連の人たちと同じような思考なんですよね。どちらかというと構造問題中心で「金融政策？　何それ？」という感じが一般的です。

僕は昔、連合で講演を頼まれて行ったんですよ。幹部がみんないて、先代の会長も副会長もみんないた前で、構造問題じゃなくて日銀の金融政策をしっかりして、デフレ脱却しないとだめだよと言ったんです。特に、人的資本に投資してどのぐらい収益があるかが問題になってくる。例えば高卒、大卒の人に投資したものが将来どのくらいリターンになって返ってくるかというと、実はデフレで全部だめになります、と。デフレでは、教育とかいろんな投資機会にお金を投資して、それで得る実質収益よりも、現金を抱え込んでいた方が得になってしまう。

麻木　もうじっとしていた方がいいですよね。なんかもう、動くと損、みたいな。抱えこむ現金があればの話ですけど。

田中　そう、だから、子供をつくってそこに投資するよりも、将来年金もらえないから、若いうちから貯蓄に励んで、という若い人がいっぱいいますから。二〇代、三〇代なのに、趣味は貯金みたいなこと言って。実際、デフレの下では貨幣の方が実質収益率が上だから、貯金していった方がリターンが大きい。子供をつくってそこに投資をして、将来息子とか娘が成長してそこそこうまく働いてそこそこ税金や社会保険料をおさめてくれたり経済全体を底上げしてくれて、自分もその社会的な外部効果で老後もそこそこ安心できる世界がくる、そんなの全然期待していないわけ。ひたすら現金を抱えるという、悪循環が起きちゃっているんですよね。そんなことを連合の人にも話すんですけど、全然だめ。連合は大企業中心だから、「それはまあ問題かもしれないけど、おれたちは大丈夫」という安心感があるから全然ぴんときてない。「おれたちは、クビ切りを食らうのは最後で、それ以外の組織化されていないところは大変だろうね」という程度で、もう対岸の火事です。

田村　連合は結局公務員と大企業の組合員の集まりだから、はっきり言って現状維持なんですよ。連合の会長の古賀（信明）さんが、日銀法を改正をして、日銀の義務として雇用の最大化を目指せということを確かに一度は口にしたんでしょうけど、トータルとして日本のデフレ脱却、あるいは復興のために何が必要かという理解の仕方から出発しているとはとても思えないですね。

公務員の改革の問題も、確かに公務員給与二割削減とか最初民主党は言っていたけど、いつの間にかうやむやになっているでしょう。私は、今のデフレを前提とするなら二割カットは当然だと思うんですよ。それだけ効率の悪い政府の「社員」ですから、あなた方も犠牲を払えと、これは政治的には非常に正しいことなんですね。だけど、やはりそういうふうに何でもどんどんカット、カットとしていって本当によくなるかという、マクロ的な問題が当然出てくる。私が言っているのは、政府が正しい政策のもとに正しいことを実行して、脱デフレを達成すれば、何も公務員給与を減らす必要はないんですよ。むしろ、上積みしたっていいですよね。それでちゃんとした成果を上げるなら、給料だってカットすることもなくなるわけです。だからそういうふうに両面で考えていかなきゃいけないのが、もう日本の場合極端で、こっちをカットしろ、いやこれは嫌だ、とか言って。結局何も変わらないでしょう。これは最悪だと思うんですね。

日本にはまだ政策を選ぶゆとりがある

麻木　こうしていろいろお話ししても、結局最後はデフレと円高を何とかしなければ何一つ始まらないという話になってしまいますね。

田村　日本は考えようによっては、デフレ対策も円高対策もとれる、つまり超金融緩和も財政出動もできるんですよ。ゆとりがあるんですよね。まだそれをしないだけで。

麻木　でも、今のところやる気がさらさらない……。
田村　もっと落ち込まなきゃだめなのかもしれません。本当に明日をもしれぬ我が命となれば、それはいくらなんでも政治家だって目が覚めるだろうし、メディアだって明日つぶれるかもしれないから。
麻木　でも、ぎりぎりのポイント・オブ・ノーリターンってあるんじゃないですか？　そこはどうなんでしょう。
田村　いい例が年金ですが、なんだかんだ言われてもちゃんと払われていますからね。本当は、大幅カットしなきゃいかんですね。
麻木　円相場はどこまでが限界なんですか？
田村　だから円相場の影響にはみんな気づかないんですよ。
麻木　いや、でもこのままじりじりいけば、一ドル＝五〇円まで行くという声もありましたけど。
田村　政策がこのまま現状維持でいけば、それは五〇円になるでしょう。
田中　明らかに五〇円ぐらいいくでしょうね。
麻木　そのとき、ポイント・オブ・ノーリターンはどこなのか。ここまで行ってしまったら、もう打つ手がないという分岐点があるでしょう？　それこそ暴動でも起りかねないような。
田中　いや、たぶん日本じゃ暴動は起こらないですよね、一ドル五〇円ぐらいでは。みんなにこにこして、明日も映画かアニメでも見ようかと、そういう話ですよ。

麻木　だったらいいんじゃない?ということになっちゃいそうな話ですねえ。

田村　ブランド物が安くなる、と喜ぶような人もいる。でも意外と安くなっていないけどね。だって、輸入業者や小売り業者は値下げを抑えて為替差益をがっぽりとってしまうから。

麻木　最近、円高還元セールとか聞かなくなりましたね。昔はやっていたのに。

田中　例えば繊維などの輸入関連企業だってへたってきているし、先ほどおっしゃったように、日本って輸出がだめになると関連してサービス産業全般がだめになるんですよ。それが明らかになってきてるんじゃないですか。みんな急速に自分の懐が痛み始めている。

麻木　還元している場合じゃない。それはもう大変。だけど、暴動を起こすほどでもない……。

田村　それこそ、じわじわと真綿で絞められているんですよ。だけどそれがあまりにもソフトに締められているものだから、だれもわからない、というのが日本のデフレ病の一番ひどいところなんですね。

田中　そう、まさに。それが長期に続く停滞の一番恐ろしいところなんですね。

麻木　自分で自分の首を絞めながら死んでいくようなことができるかというのもあるんですけど。

田中　できないでしょう。何か生活習慣病みたいなもので、決定的に悪くなるまでずるずるいく。しかも、決定的に悪くなるわけではない。

田村　そのうち、慣れちゃうんだよね。毎月お小遣い減らされて、そういえばおれの小遣い減っているよな、なんて言いながら。もうしょうがない、しょうがないということになるでしょう。

田中　そう、しかも年金制度がだめになっても、生活保護制度ぐらいは最後にぎりぎり残すと思うんで。そうすると生活保護を受けている、見方によれば何もしない公務員みたいなものがごまんと発生するような社会になるかもしれない。でも、そういうふうになっても、全然困らないいんじゃないですか。

社会の劣化と、国家の劣化

麻木　暴動が起こるという形ではなくても、たとえば『下流喰い』なんていう本もありましたが、弱者同士がいがみ合うというか喰い合うというか。そうなると世の中、実にぎすぎすしますよね。寛容さが失われる。このごろよく、「勤労意欲の薄い生活保護受給者」だの「不正受給」だのという番組を目にしますが、良くない傾向だなあと思って。社会的弱者の立場に陥った人たちに寛容になる余力がなくなってきている。自分とて、いつそういう立場に立つかわからないと想像する余裕をなくし始めている。そうやって社会が冷淡になれば、追い詰められて、犯罪だって増えるでしょう。高齢者の万引きなんかも、よくニュース番組で特集していますけれど、もちろん万引きは犯罪ですよ。でも、ふと、「このおばあちゃんは、年金いくらもらってるのかな」と。どんなときにもある一定数、不心得な人はいるものなんでしょうが、それを一般化して、個人のモラルや、やる気の問題で片付けてしまうなら、政治の仕事って何なのだろうとか。考え込んでしまいます。

田村　個別の犯罪は増えていますね。犯罪と自殺が増えている。

田中　デフレになってから自殺は増えていますよね。いわゆる人身事故で電車が止まるというのが日常化しちゃって、年間の自殺者が三万人超えていますからね、異常な世界です。

ただ、むしろ一番起こり得るのは、国内でのそういう不安じゃなくて、国際的な、局地的な紛争が起こる可能性は十分あると思います。国内不安で経済的な勢いがダウンしてくると、防衛費などを削りますから、そうすると満足な防衛力を持っていなかったら、国際的な軍事競争は冷酷ですからその低下に目をつけられて、いわゆる尖閣諸島だとか限界的な縁辺地で紛争が起こりかねない。これはもう、防衛関係者はよく言っています。「これ以上予算を削られたら、そういったことが起こっても不思議じゃない」と。

韓国だって、経済危機で軍備を減らしたんですが、この間、北朝鮮が韓国の延坪島を砲撃してきた事件がありましたね。韓国も撃ち返したんだけど、満足に届いていなかった。あれは防衛費を緊縮していて、新しい設備を入れなかったから届かないんですよ。それを見越して、北朝鮮はやってきたわけで、長期的に見ればそういった可能性だって、これからあるんじゃないですか。やっぱり予算削って日本の防衛力がへたってくれば。

麻木　とにかくデフレを何とかしろと、お二人とも頑張って一生懸命言ってください。

田中　それは、この本が本当に真剣に、たくさん読まれることを願っていますよね。

麻木　人のせいにする前に頑張ろうというのは、美徳だと思うんですけど、いまそれが裏目に出ているような感じです。

田中　そう、僕なんかしょっちゅう「日銀のせいにするな」とか言われて。いや、だって金融政策をできるのは日銀しかないじゃないですか。

麻木　一人一人の個人の生き方やモラルの問題と、社会全体に関わる政策の問題というのが、分けて考えられていないんですよね。意図的に混同しているのではないか？と思うことすらあります。

田中　政治のせいにすると、弱い者いじめだと。そっちの方が権力が強いから、そういうことが起こっているのに。

麻木　そうなんですよ、権力を持っている、政策を決定する立場にある人たちには、もっとその自覚を示してほしいし、期待もしているんですよ。そう単純に「一度、更地にすればいい」的なハードランディング志向に流れずに、踏ん張ってほしいです。

田村　だから日本は、まだ政策さえ変えればよくなるんですよ。だからその政策を変えられるゆとりがあることを、もっと国民一般の方が理解してくれればいいと思います。

Ⅳ

100兆円の余剰資金を動員せよ!

「大復興・日本再生」をめざして

田村秀男

「大復興」はいかにして可能か

東日本大震災からもう一年経とうとしているのに、復興は進まず、未曾有の大震災と放射能汚染の恐怖に遭われた方々や地域の苦しみは増すことはあっても熄《や》むことがない。日本は何としても国難を乗り切らなければならない。どうすれば大復興を成し遂げられるだろうか。

東日本大震災からの復旧・復興事業総額の政府見通しは、二〇一一年度から五年間で一九兆円、一〇年間で二三兆円以上という。だが、福島原子力発電所の空前絶後の放射能汚染を考えると、五〇兆円以上を覚悟しなければならない。近代世界史上例をみない長期慢性デフレにある日本経済のデフレ不況が大震災後さらに深刻化している現実を踏まえると、経済政策の大転換なくして日本再生はありえない。

実際には、民主党の菅直人前内閣、そして野田佳彦内閣も財源不足と財政悪化を理由に、財務官僚が勧める増税案を丸のみし、デフレと円高を放置する愚策に終始している。増税は復興を阻む。円高・デフレを助長する。一時的な財政出動により部分的で小さな復旧・復興はありえても、その後の増税で再生機運は遠のき、日本経済の萎縮と国民の貧困化基調は止まらないだろう。

日本に財源はある。日本は世界最大の債権国であり、国内貯蓄二六〇兆円を米国債など外国の資産で運用している。国民が貯めた貯蓄は国内投資に振り向ける経済政策の王道に立ち返れば、一〇〇兆円くらいはやすやすと復興・再生のための事業に振り向けられる。不足しているのは、カネではなく構想力なのである。本論では、財源を含む日本再生の設計と道筋を提案する。

阪神大震災の教訓――増税はデフレ病を悪化させる

大震災からの経済復興はどのようなプロセスになるのか。一九九五年一月一七日に発生した阪神大震災後を簡単に振り返ってみる。当時の村山富市内閣は復旧・復興に向け三度の補正予算で計三兆三八〇〇億円を投入した。しっかりとした個人消費の基盤のうえで財政支出を呼び水に、企業設備投資は震災から半年後に急速に回復し、住宅投資は一年後にめざましい回復を遂げた。震災の打撃を受けた九四年度に一・五％だった日本全体の実質経済成長率は九五年度二・三％、九六年度二・九％と上昇していった。被災した地域や住民ばかりでなく国民全体の努力によりわずか二年間で二一兆四一五〇億円も経済規模を拡大するのに成功した。

しかし、九七年度になると、政府の失政の結果、こうした復興の成果が失われていく。橋本龍太郎政権による消費税増税と公共投資削減など緊縮財政への転換の結果、経済成長を堅実に支えてきた家計消費が九七年には一転して寄与率でマイナス〇・六％に転じたのだ。

一般会計の所得税、法人税、消費税の収入合計は九七年度、消費税増収により四二兆円と前年度の三九・六兆円から増えたが、九八年度には息切れした。二％の消費税率アップで、〇三年度一般会計の消費税収は、九六年度に比べ三・六兆円増えたが、所得税と法人税収は合計で九・五兆円も減った。税収減の主因は九七年度に始まったデフレである。九八年度から物価下落の幅以上に家計の可処分所得が減り始めた。デフレ経済下では増税が税収を減らす逆U字の「ラッファー曲線」に陥るわけである。

消費と税収は、円安誘導政策をとった小泉純一郎政権時代の輸出主導型景気回復でいったんは少し持ち直したが、デフレは以来一貫して変わらない。「一〇〇年に一度の金融大津波」リーマン・ショックの二〇〇八年、さらに東日本大震災の一一年と、大災厄ごとにデフレ不況はもっとひどくなっていく。デフレ加速のあおりで国民所得も税収も激減し、現在に至る。これまでの失敗を教訓にすれば、東日本大震災後の復興策のポイントが見えてくる。まずは、思い切った大胆で巨額の財政出動を四、五年単位で継続的に打ち出すことだ。増税による復興財源充当は国全体の可処分所得をますます減らし、デフレを助長する。

ところが、政権の座についた者は橋本増税の失敗を繰り返そうとする。

「官僚の中の官僚」財務省官僚の脳には債務国＝増税・緊縮財政という遺伝子が巣食っている。その財務官僚が官邸の主となる政治家を洗脳してしまうからだ。

菅直人、野田佳彦両氏とその周辺はまるでパブロフの犬のようだ。「財源」と問えば、ただちに「増税で」と反応する。「税と社会保障一体改革案」は消費税増税、東日本大震災復興構想会議提案は臨時増税、さらにB型肝炎訴訟の和解金支払いにも、福島原子力発電所事故に関連する補償についても増税または形を変えただけの「国民負担」しか考えない。慢性デフレのために、一世帯あたりの可処分所得は一〇年間で月当たり四万四〇〇〇円も減った。やせ細る家計から税を絞り取ることしか考えない。かつての悪代官顔負けの異常な政策はどういうふうに生まれるのか、原因はデフレの無視と過去の政策失敗の全面否定である。

デフレを直視せよ

菅直人前政権の与謝野馨経済財政担当相が二〇一一年七月一日に閣議了解を取り付けた税・社会保障改革案と同年六月二五日の復興構想会議提言を再チェックしてみたら、これらの前提条件は見事なまでに現実から遊離している。

まず「税・社会保障」の場合、吉川洋東大教授が中心となって一一年五月三〇日付でまとめた「消費税増税のマクロ経済に与える影響について」という研究報告書が添付されている。増税にまい進する与謝野氏肝いりのペーパーである。とは言え、増税が日本経済にどのような悪影響を及ぼすかを詰めたうえでないと消費税率の幅やタイミングを決められないのだから、さぞかし経済学者の英知と公正な学術的分析がちりばめられているだろうと期待したが、失礼ながら、率直に言わせてもらう。まさに曲学阿世論文である。

重大な課題から目をそらしていることがわかる。例えば、一九九七年の消費税増税をきっかけに日本が長期・慢性デフレ局面に突入した事実を無視している。増税は長期的な影響を経済活動全体に及ぼすのに、当時の家計所得など一時的な要因分析だけで「消費税増税は一九九七〜九八年の景気後退の『主因』であったとは考えられない」と決めつけ、しかも巧妙に「デフレ」への言及を避け「景気後退」と言い抜けた。デフレを直視しようとしない与謝野氏や財務官僚の意図に合わせた論理である。

もっと愕然とさせられたのは、三月一一日の東日本大震災の衝撃についての考察の欠如である。報告書の末尾に添付されている「有識者の意見」の中で、大震災の影響を憂慮する声が言い訳程度に散見される程度である。

消費税増税のタイミングについては、「景気の上昇局面が適切だ」と論じている。大震災後は、いわゆる復興需要の影響で見かけ上は経済指標が二〇一二年は好転するとの見方が多いが、それを増税のタイミングだと言わんばかりである。多くの企業が円高や電力不足を背景に国内向け投資をあきらめ、海外投資に走っている。生産と消費の反転はあるとしても一時的で、増税実施後には急速に減退しよう。しかも阪神大震災後、復興資金投入で景気は上向いたが、橋本増税で景気は失速、デフレ不況に陥った。日本国民全体をその後デフレの底なし沼に引きずり込んだ増税について、批判精神のひとかけらもなく、ただ安直に「景気の上昇局面が適切」とは、と絶句してしまった。

一方、東日本大震災復興構想会議（議長・五百籏頭《いおきべ》真防衛大学校長）による「復興への提言」には、「悲惨のなかの希望」という副題がついており、原則のひとつに「被災地域の復興なくして日本経済の再生はない。日本経済の再生なくして被災地域の真の復興はない。この認識に立ち、大震災からの復興と日本再生の同時進行を目指す」とある。なるほど、その通り。だが、これほど欺瞞に満ちた政策提言をこれまで見たことがない。

消費者も中小企業も慢性デフレで弱り切っているのに、デフレ病をさらに悪化させる臨時増税を強いようとしている。

増税が消費や投資を萎縮させるデフレ効果を持つのは、いわば経済学上の常識である。デフレが加速すれば、増税しても個人や企業の所得、収益は減る。すると税収は見込みとは逆に減る。財政収支はさらに悪化し、経済規模は縮小する。

増税して税収を増やすというのは、農民の年貢を引き上げる水戸黄門シリーズの悪代官の手法と基本的に変わらない発想である。それでも増税が税収を増やし、財政均衡をもたらすならまだよい。阪神大震災の後を例にとると、増税はむしろ税収を減らしてきた。復興構想会議のメンバーには経済学者がいないから、との言い訳も会議筋から聞いたが、仮にいたとしても、「税と社会保障」会議のように、曲学阿世（学を曲げて世に阿《おもね》る）ならぬ「曲学阿官」の徒が入っていただろう。

復興構想会議はこうして経済に疎い評論家たちがとりとめもなくしゃべり、財務官僚主体の事務局が会議のつど記者にブリーフィングし、報告書を作文した。第一回会合から「連帯のための増税やむなしとの意見が強く出た」と財務官僚がメディアを誘導し、復興増税なる言葉を造語し、メディアを通じて世論に刷り込んだ。

それでも増税が税収を増やし、財政均衡をもたらすならまだよいが、デフレ下の増税はむしろ税収を減らす。

活かされない教訓

ここで、重要なポイントだから阪神大震災後の経済状況を繰り返しておく。

九五年度に政府は三度の補正予算で計三兆三八〇〇億円の財政資金を投入した。震災により資産は一〇兆円規模で破壊されたが、国民全体の努力により、わずか二年間で二一兆四一五〇億円も経済規模を拡大するのに成功し、増税なしで九五、九六年度と税収はわずかながら増えていった。

九六年度に首相となった橋本龍太郎氏（一九三七〜二〇〇六年）は財務官僚の勧めに従い財政収支均衡をめざし九七年度に消費税率を三%から五%に引き上げた。一般会計の所得税、法人税、消費税の収入合計は、この年度に四二兆円と前年度の三九・六兆円から増え、その後落ち込んだ。橋本氏を継いだ小渕恵三首相（一九三七〜二〇〇〇年）は積極財政に転じ、税収は二〇〇〇年度にいったん回復したが、翌年度は息切れした。結局、二%の消費税率アップで、〇三年度一般会計の消費税収は、九六年度に比べ三・六兆円増えたが、デフレで経済規模が萎縮した結果、所得税と法人税収は合計で九・五兆円も減った。

復興構想会議提言付属の資料には「阪神淡路大震災とのマクロ経済環境の違い」編が挿入されて

いる。そこでは、名目GDPについて、阪神淡路四八九兆円（九四年度）と東日本大震災四七九兆円（二〇一〇年度見通し）と対比している。だが、一六年前よりも一〇兆円も経済の実額規模が少ないその異常さに何の説明も加えていない。その代わり、基礎的財政収支、一般会計公債依存度、国地方の長期債務残高、国債の格付けの悪化ぶりなど財源の制約ばかり盛り込んでいる。阪神大震災から二年後の増税がデフレ病を招き、経済活動萎縮↓税収減↓財政収支悪化、の悪循環にはまった教訓を完全に無視し、今回も増税が必要だと喧伝するのである。

復興構想会議の提言には「デフレ」、あるいは「デフレーション」の一言も出てこない。その代わり、「再生」という言葉は七七回、「復興」は二五八回も繰り返し出てくる。言葉だけが呪文のように繰り返され、構想会議の委員たちは「悲惨のなかの希望」という意味不明な修辞句で事足れりとばかり自己陶酔したように思える。その恍惚のなかで、委員たちは財務官僚主導の事務局が盛り込んだ消費税、法人税、所得税の増税案を妙薬と信じ込んでしまった。

事務局官僚は評論家ころがしのテクニックにたけている。特区をつくれ、などという委員たちの思いつきや地元からの要望を提言に盛り込んで花をもたせる。その費用は二三兆円以上、ならば財源は増税でまかなうというシナリオに、生活の不自由のない委員達に抵抗はなかったのだ、と勘ぐりたくなる。

委員の一人は述懐する。「いや、実際の会合では増税の意見はほとんど出なかった。なのに、財務官僚を中心にする事務当局が増税案が出たとメディアにブリーフィングし、われわれは驚いていた」と。だが、五百旗頭議長は、四月一四日の初回会合の後、「復興増税」という相矛盾する言葉をつなぎ合わせたアイデアを記者発表し、明らかに「まず増税ありき」の会合の正体を図らずも吐露していた。委員たちは、財務官僚のせいにするよりも自身の無知と知的怠慢を恥じるべきだ。

筆者が尊敬する世界的経済学者、浜田宏一米エール大学教授は「まるで災害という傷を負った子供に重荷を持たせ、将来治ったら軽くするといっているに等しい」と復興増税を痛烈に批判していた。こんな言葉は財務官僚の顔色をうかがう国内在住の有力経済学者からはほとんど出てこない。

構想力のあった指導者たち

それにしても、増税＝財政均衡化論はなぜこうも執拗に、しかも非常時に指導層から飛び出すのだろうか。第一の要因は、構想力の欠如である。財源＝増税というなら、だれが政治指導者でも勤まる。

しかし、かつてはスケールの大きい人材が国家非常時に登場した。具体例を示そう。

「大風呂敷」と呼ばれた男をご存じだろうか。大正一二（一九二三）年九月一日の関東大震災の翌日に内相に就任、その夜に東京大復興根本策を書き上げた後藤新平（一八五七～一九二九年）である。同二七日に発足した帝都復興院総裁を兼務。が、壮大な計画も致命的な弱さがあった。財源である。関東大震災被害額は五〇億～一〇〇億円で当時の経済規模の三割前後から六割に上り、まさに国家存亡の機だった。ちなみに東日本大震災の政府見積もり被害額は最大値でも国内総生産（ＧＤＰ）比で約五％にとどまる。

日本は第一次大戦時の対外債権が不良資産と化し、再び債務国に転落していた。三〇億円の後藤構想の三分の一、一〇億円規模（現在価値で約五千億円）の復興債、「震災善後公債」の発行を決めたが、国内では消化できない。国内債の金利が五％なのに、金利六・五％の米ドル建て公債約三億円、同六％英国ポンド債約二億四四〇〇万円を起債した。米金融大手のモルガン商会などへの手数料払いなどで日本側の手元に残ったのは発行総額の八六％、四億六六〇〇万円にとどまった。しかも、翌年に期限が迫っていた日露戦費のための英ポンド債償還に回すため、震災復興にはわずか九九〇〇万円しか充当できなかった。外債は「国辱公債」と呼ばれた。国内にカネのない国の悲劇である。

財源に苦しみながらも、後藤の構想は近代都市東京の建設となって結実した。

しかし、財政難、貯蓄不足は震災後の日本を苦しめる。震災のため決済が困難になった銀行保有の手形を日銀が特別に引き受けた「震災手形」は四億三〇八二万円に上った。後藤構想はその名を歴史に刻んだが、経済の大復興はカネ不足で中途半端に終わった。一九二八年三月には震災手形問題が爆発して金融恐慌が勃発、翌年にはニューヨーク株価大暴落をきっかけとする大恐慌に遭遇した。以来、軍部が台頭し、日本は日中戦争の泥沼にはまっていく。

第二次大戦後の復興も資金不足との闘いだった。米国の「ガリオア・エロア援助」により四六年から六年合計で五〇年当時の国民総生産の約五・六％相当の提供を受けたが、大半は脱脂粉乳、穀物など「物」で、日本政府は援助物資をやせ細った消費者や企業に売ってカネを集め、何とか復興財源に充当した。結局、日本を立ち直らせたのは五〇年六月に勃発した朝鮮戦争に伴う特需だった。

大震災、戦災、敗戦後と、金欠病に悩まされ続けた日本の財務当局や長老政治家には緊縮財政、増税という遺伝子がこびりついているのであろう。財務官僚は財政均衡主義を金科玉条として掲げ、財務官僚ＯＢの政治家や与謝野馨氏のような財政均衡至上主義者を動かす。

一九六〇年代から七〇年代にかけての高度成長期は増税しなくてもやすやすと税の自然増収を実現できたが、九〇年代初めのバブル崩壊以降は金融機関が貸し出しを減らし、融資を引き上げたために、少々財政出動しても経済成長率は横ばいで、税収増に結びつかない。そこで、財務官僚は緊縮財政への転換を政治家に促した。

前述の橋本財政は公共投資の削減のほか、社会保険料の引き上げ、医療費負担増など消費税増税分を含めた家計負担増八兆六〇〇〇億円を伴う緊縮ぶりだった。この結果、日本は慢性デフレに陥り、家計の可処分所得も税収もともに減る半面で、高齢化社会の到来で社会保障支出費が毎年一兆円ずつ増加する悪循環にはまった。政府債務の増加の主因はデフレであり、デフレのために年平均で二兆円も国税が減っている。デフレを引き起こしたのは増税と緊縮財政であるのに、民主党政権も自民党執行部も増税しか考えない。構想力を喪失した日本の政治はまるで貧乏神にとりつかれたかのようである。

不幸なことに、今の日本には後藤新平のような「大風呂敷」もいなければ、一九三〇年代の大不況から世界で最も速く回復を成し遂げた高橋是清のような財政家もいない。戦後高度成長を実現した池田勇人首相（当時）を支えた下村治のような卓見あふれるエコノミストも見当たらない。

見てきたように、日本は明治維新後から戦後復興時まで、第一次大戦の戦争特需に沸いたほんの一時期を除き、一貫して債務国だった。債務国というのは貯蓄不足のために国債の国内消化がままならず、非常時の財源を外債発行に依存せざるを得ない。日露戦争時、関東大震災後の復興も外債発行で乗り切るしか方法がなかった。一九二九年一〇月の大恐慌勃発直後の金本位制復帰は、強い円により、有利な条件で外債を発行することが最大の狙いだった。ロンドンやニューヨークで起債するためには、国内を犠牲にしてまで緊縮財政や増税を強いるしかなかった。戦後はしばらくの間、一ドル＝三六〇円の固定レートを定着させるしかなかった。

今の日本は世界最大の債権国である。政府総債務はＧＤＰの約二倍に及ぶが、その約九五％は国内貯蓄でまかなわれている。しかも国内投資に回らず海外で運用されている貯蓄は二〇一一年九月末時点で二五〇兆円に上る。海外の投資家はそんな日本の金融面のゆとりをみて、世界最大の債務国米国のドル資産を売り円や日本国債に投資する。大震災で政府は無能、なのに円高になるのは日本が債権国だからである。政府は債権国としての発想に頭を切り替え、国民が貯めたおカネの一部を復興投資に回せばよいのだ。

増税主義の末路

残念なことに、経済政策の官僚主導はますます露骨になっており、民主党政権は唯々諾々と従い、まずは復興増税、次には消費増税と増税に次ぐ増税の嵐が日本列島を吹きすさんでいる。二〇一一年から一二年にかけての増税主義がデフレ日本に何をもたらすのか。ここで検証しておこう。

二〇一一年一一月、国会では東日本大震災からの復興に向けた二〇一一年度第三次補正予算案に続き、復興増税法案が成立した。

復興債償還財源に使う所得税の臨時増税は二五年と長期にわたる。増税期間の引き延ばしの結果、一世帯当たりの所得税年間負担増は薄められ、財務省の試算では年収五〇〇万円の場合で一六〇〇円、八〇〇万円だと七三六〇円という。野田佳彦内閣と民主、自民、公明の三党は「月にならすと負担額はコーヒー一、二杯分にすぎない」と納得したわけだが、甘すぎる。増税路線は慢性のデフレ病をさらにこじらせるからだ。

グラフは総理府の家計調査データから作成した。物価下落を上回る幅で国民が消費や貯蓄に回せる可処分所得が下落し続けている。可処分所得のもとになる世帯主の収入が細っているためで、家電製品や身の回り品の価格が下がっても、一〇〇円ショップで何でも買えても、暮らしぶりはより

全国の勤労者世帯の所得と消費者物価
（農林漁業を除く、1997年＝100）

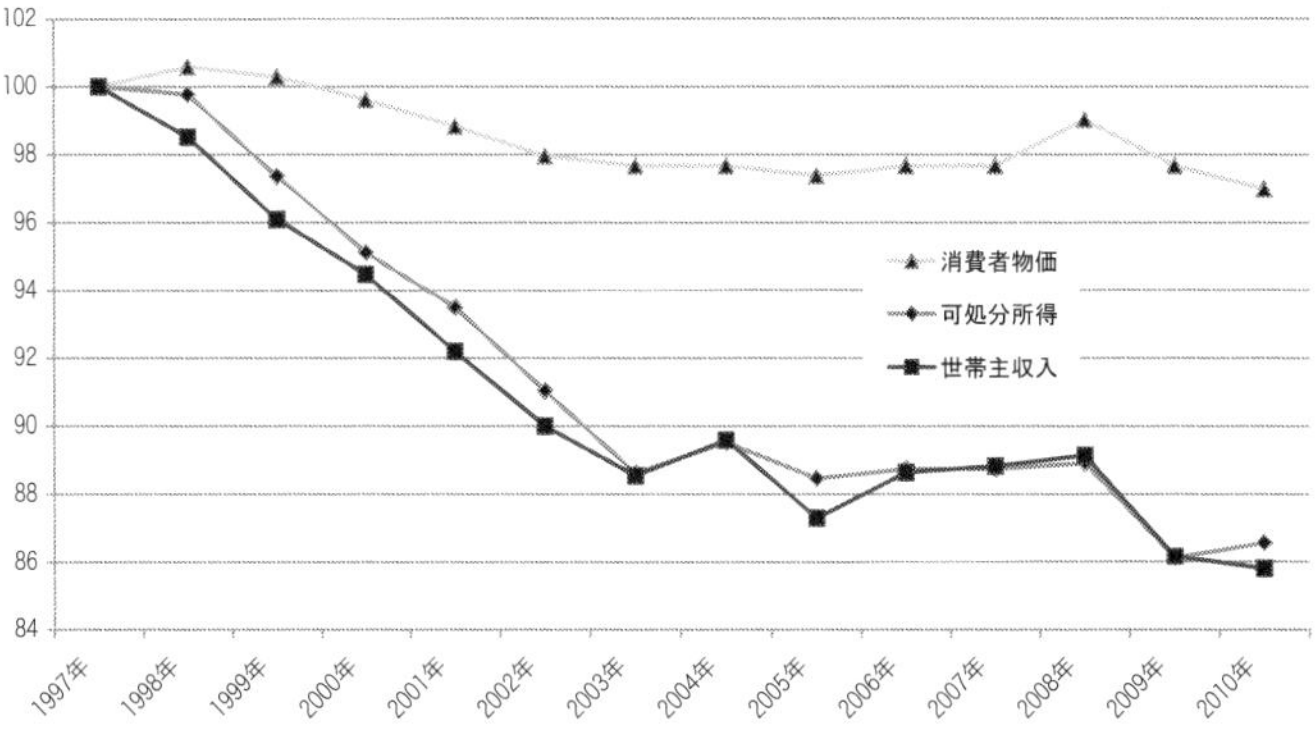

原データ：総務省統計局

貧しくなるのが日本のデフレ病の特徴だ。二〇一〇年のサラリーマンのひと月当たり可処分所得は一三年前の一九九七年に比べ六万六七〇〇円、一三・四％減ったが、前年比で平均一％、四七七〇円ずつ下落している。

若い人たちにはピンと来ないかもしれないが、六〇歳以上の世代にとって一九三〇年代の米国の大恐慌と聞いて、即座に頭に浮かぶのは四〇年に制作されたジョン・フォード監督の「怒りの葡萄」のシーンである。三九年に発表されたジョン・スタインベックの同名小説の映画版で、失業者とその家族がどこまでも続く群を成してカリフォルニアに向かうが、大恐慌の荒波からは逃れることができなかった。

凄惨な大恐慌の風景に比べると、今われわれ日本人が直面している状況はマイルドに見える。だが、「デフレ不況」という視点でデータをもとに、三〇年代の米国と今の日本を比較し直してみると、恐るべきことに今の日本のデフレは大恐慌時を上回る重症であることがわかる。病人で言えば、大恐慌時の米国は劇症肝炎で死にかけたが時を経て回復したのに、今の日本は慢性肝炎で日常生活は可能だが、日を追うごとにわずかずつ体力が弱っていく。しかも治る見込みがない。

グラフを見てみよう。経済全体の総合物価指数である「デフレーター」の推移を追うと、大恐慌の米国は二九年から四年間で二五％下落したあと、一四年間もかかって四三年に二九年当時の水準に戻った。賃金水準は三三年には二九年比で四五％も落ち込んだが、三三年に登場したF・ルーズベルト政権による「ニューディール」政策を受けて三四年から徐々に回復してきた。賃金は四一年には二九年水準を上回っているところからすれば、一二年間で大恐慌から抜け出たといえる。四一年一二月の日本軍による真珠湾攻撃を受けた米国の第二次大戦参戦に伴う軍需が決め手になったという見方もあるが、真珠湾前に回復が顕著になっている。公共投資を柱とするニューディール政策の効果は明らかだ。

今の日本はどうか。デフレーターの下落角度は極めて緩やかである。ところが、九七年から一四年目の今年は下落速度が早くなり、デフレは明らかにこじれている。二〇一〇年のサラリーマンのひと月当たり可処分所得は一九九八年以降、前年比で平均一％、四七七〇円ずつ下落し、九七年に比べ六万六七〇〇円、一三・四％減った。一二年間で復調した大恐慌のアメリカよりも、日本はなだらかだが果てることなくどこまでも下落が続く。

ここで思い起こすのは、「茹《ゆ》で蛙」の寓話である。蛙は常温の水を入れた鍋に入れられ、時間を

大恐慌時代の米国よりも深刻な日本デフレ

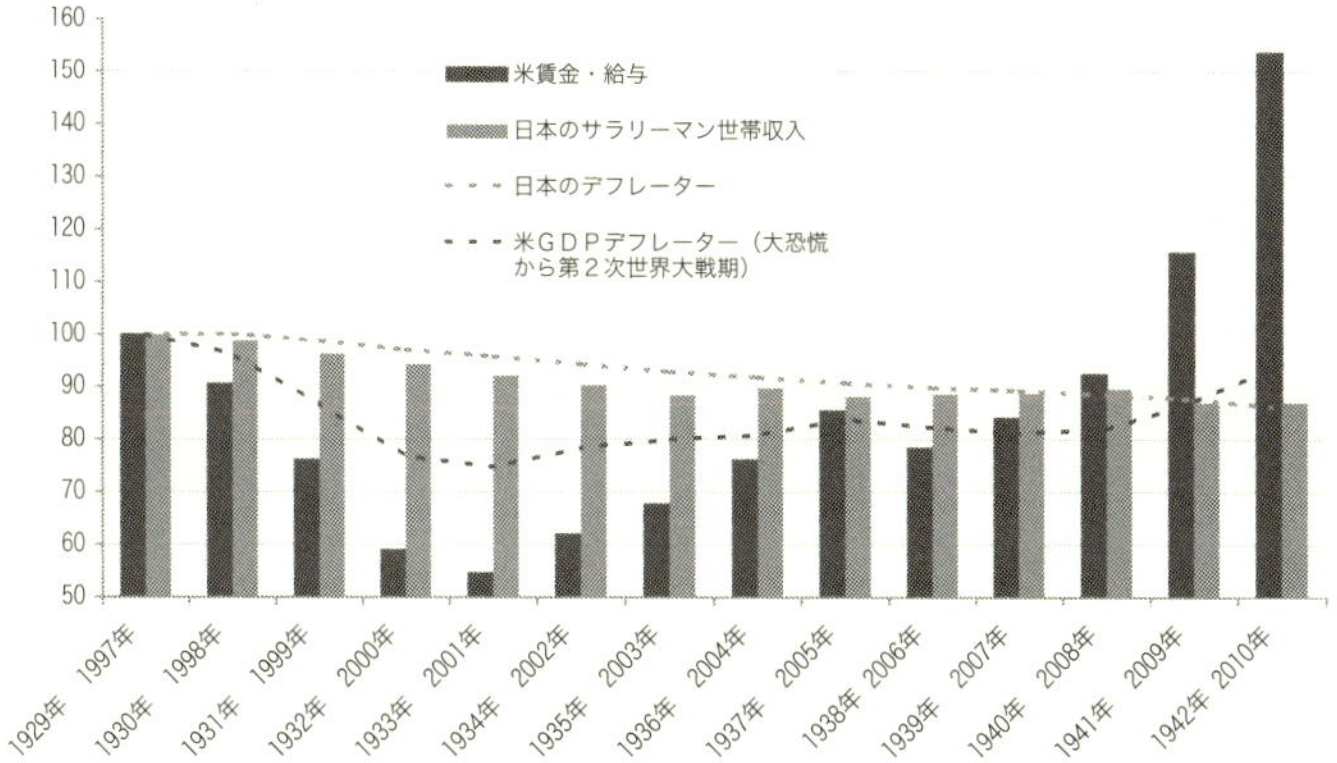

＊アメリカは1929年、日本は1997年をそれぞれ100とする指数。米大統領経済諮問委員会、総務省統計局データをもとに作成。

かけて熱せられてもじっとしている。するといつの間にか茹で上がってしまう。日本のサラリーマンは蛙と同じように、少しずつデフレ水の温度を上げられているために、何かおかしい、懐具合がどうも悪いな、と思いつつも、そんな日常に順応してしまう。昼食をコンビニ弁当に切り替え、割安な社員食堂でラーメンをすすり、夜は外での同僚との飲み食い回数を減らす。

自殺者は年間三万人を超え、新卒の半数近くが相変わらず職を見つけられないが、大掛かりな抗議デモもストライキも起きない。社会保障制度が社会全体に安心感を与えているのだ。生活保護者の数は増え、高齢者は年金ライフを楽しんでいる。そんな背景が作用しているのだろう。国家非常時ではなく、平時だ、ただ少し景気が悪いだけだ、という程度の認識しかない政治家が多数を占めている。同じデフレ不況とはいえ、賃金が三年間で一挙に四五％も減った一九三〇年代の大恐慌時の米国に比べると、今の日本は極めて緩やかで超長期にわたり所得が縮む。

増税の必須条件は「脱デフレ条項」

復興関連の負担増は所得増税に限らない。年一千円の住民税負担増（二〇一四年六月から一〇年間）や地方の退職所得減税の一三年一月から廃止も盛り込まれている。このほか、野田政権は年金保険料の引き上げや医療・介護の負担率引き上げに加え、二〇一四年に消費税率を八％、一五年に一〇％と二段階で引き上げようともくろむ。

野田佳彦首相は消費税率引き上げが不成立となれば衆院解散・総選挙で国民の信を問う構えのようだ。消費増税は今の日本経済にとって巨大な爆弾である。野田氏は深刻化する超円高デフレにお構いなく、消費税引き上げ法案を抱えて言わば「自爆」する覚悟だというわけだが、国民が自爆の道連れにされてはかなわない。

消費増税を柱とする「社会保障と税の一体改革」で、家計負担はどれだけ増えるのか。財務次官OBで増税派と目される武藤敏郎理事長の大和総研が、大変参考になるリポートを出した。それによると、子供が二人いる年収五〇〇万円の標準世帯では消費税分一六万円など負担増で可処分所得が約三一万円も目減りする。可処分所得とは、家計の収入から税、社会保険料などを差し引いた手取りのことだ。それが月額平均で二万五八三三円、勤労日ベースで一日約一〇〇〇円も減るではないか。コンビニ弁当で昼食を済ませていたサラリーマン・ウーマンは、朝食や晩飯の残りを弁当に詰めて出勤しても、まだ六〇〇円以上も足りない。月に一、二回にとどめていた居酒屋にもめったに行けなくなる。さらに復興増税も加わるので、家計負担はもっと増える。

火の車の家計は家族が倹約に努めてなんとかやりくりできるかもしれないが、国全体としてはどうにもならない怖いことが起きる。すでに始まっている超円高・デフレ不況の深刻化である。

繰り返すが、日本の慢性デフレの症状は、需要不足のために起きる物価の下落以上に可処分所得が下がることである。勤労者世帯の二〇一〇年のひと月当たり可処分所得は一三年前の一九九七年に比べ六万六七〇〇円、一三・四％減ったが、前年比平均で一％、四七七〇円ずつ下落してきた。このなだらかな慢性デフレが今度は激症デフレに転じ、日本国民の多くが奈落の底、貧困の淵に沈みかねない。

日本は海外に対して二五〇兆円もの純債権を持つ世界最大の債権国なのに、大増税までして国民の所得を召し上げるのだから、海外の投資家は率先して日本国債を買い、円相場をつり上げている。超円高は止まらず、企業は国内投資、国内雇用をあきらめる。リーマン後四〇兆円も縮小した国内総生産（GDP）はもっと下がり、所得税、法人税の合計税収の減少額は消費税の増収分を上回るだろう。現に、一九九七年度の消費増税と社会保障負担引き上げ後にはデフレが再発し、全体の税収が大幅に減った。今回も財政は悪化し、二〇〇〇年代半ばには消費税を一五％、二〇％にせよと財務官僚が騒ぎ立てる姿が今から目に浮かぶ。

経済のパイそのものであるＧＤＰの名目値が増加しない限り税収は増えない。少子高齢化が進み具合からみて、いずれ消費増税はやむをえないとしても、財政収支均衡化は脱デフレなくして達成できない。社会保障財源と財政健全化の同時達成のためには適正な物価の上昇と経済成長が欠かせないことを、政治家は再認識して欲しい。

野田首相が本気で「日本再生」を達成したいなら、消費増税の発動条件として、名目成長率四％以上を明記した脱デフレ条項を盛り込むべきだ。野田政権自体、国家戦略会議を通じて成長戦略を策定するようだが、やる気がないのか作業はのろい。名目成長率の押し上げに向け、それこそ「不退転の決意」で臨むのが政治責任というものなのに、増税実現しか頭にないようだ。

岩田規久男学習院大学教授の試算によれば、名目成長率四％が一一年度以降継続すれば、一五年度の国税収入は一〇年度比で二三〜三七兆円も増える。もちろん、インフレ率がプラスに転じると、金利が上昇し、国債利払い費が増える可能性もある。消費増税の余地を残すことで、市場は安心し、金融機関や投資家は日本国債を買い続けるだろう。

野田首相が耳を貸さなければ、与党内の増税反対勢力も政権奪回をめざす自民党も、明確な脱デフレ条項条件付きの消費増税法案を逆提案すればよい。

貯蓄を活用せよ

では、脱デフレと日本の復興・再生のために何をすべきか。成長戦略とは何か、について考え、まず今何が可能かを論じよう。まずは、財源である。増税に代わる方法はある。

やり方は大きくわけて二つある。一つは復興国債の日銀直接引き受けだが、財政法上、国会の同意が必要なので、政局から見て早期実現が難しい。財務官僚と日銀は絶対に検討に応じようともしないだろう。そこで筆者が提案するのは、国民貯蓄の余剰分である対外資産と日銀資金の活用である。

政府は政府短期証券と呼ばれる一種の短期国債を発行して一〇〇兆円もの国内の貯蓄を吸い上げ、米国債購入に充当し、外貨準備を積み上げている。国内貯蓄は本来、国内投資に振り向けるのが経済のイロハである。日銀が短期証券をそっくり市場から買い上げ、その資金一〇〇兆円を流す。政府は復興国債を発行してこの資金を吸収すればよい。便宜上、これをA案と呼ぶことにする。

もう一つの案は、外為特別会計の中にある米国債など外貨資産をそっくり日銀に売却し、日銀の資産に置き換える。日銀は政府から譲渡された外貨資産相当の日銀資金を発行し、政府に支払う。政府はこの一〇〇兆円の資金を創設する「復興・再生基金」に組み込んで、大震災からの復興事業と脱デフレのための再生プロジェクトに投入する。これをB案とする。

いずれの案とも、対外債権のうち、外国為替特別会計の米国債は政府保有で政府の判断で機動的に活用できる。日銀資金の創出で金融市場の資金需給はバランスするので、金利は上がらない。金融の量的緩和効果で円高は止まり、デフレ圧力は緩和しよう。

A案の場合、新たに復興国債を発行するのだから、その分政府債務は増える。それでも金融市場には新たに日銀資金が流し込まれるのだから、市場での資金需給や国債相場への悪影響はないのだが、見かけ上は政府債務が増える。財務官僚はそこを突いて、飛んでもない、と言いそうだ。何しろ、財務官僚の「これ以上政府債務が増えるようなことをすれば、日本国債はギリシャ、イタリアみたいに暴落しますよ」という脅し文句に弱い首相や財務大臣はびくついてしまう。

ならばB案を採用すればよい。それだと、政府債務は増えない。日銀が米国債など外貨資産と引き換えに一〇〇兆円発行し、電子送金して政府の口座に振り込めばよいだけだ。新規に国債を発行する必要も、輪転機を回してお札を刷る必要もない。言わば一円も使わずに一〇〇兆円を創出できる。

もともと、政府が米国債など外貨資産を購入する場合には、日銀資金をそっくり使えばよかった。実際に一九九九年一〇月まではそうしていたし、欧州や中国など他の主要国中央銀行はお札を発行して外為市場でドルなどを買い、米国債などで運用している。日銀は一九九七年六月の新日銀法で政府からの「独立性」が保証された後も、政府の外為市場介入にそのまま日銀資金が動員されるシステムを続けるのは日銀の政府への従属になるという理由で抵抗し、政府は独自に民間資金を市場から調達して外貨資産を購入する現行システムに切り替えたのだ。外貨準備を管理する財務官僚も、いちいち日銀資金のお世話にならなくても、独自の権限と判断で政府短期証券を発行し、そのカネでドル資産を買うほうが都合がよい。縄張り意識が強い官僚としては、自らの裁量と権限で自己完結する仕組みに異論のありようがない。

しかし、このやり方だと国家の経済政策の二本柱で財政と金融が分離され、機動的な対応ができなくなる恐れがある。政府、つまり財務省が大量の円売り・ドル買い介入をすれば、巨額の資金が民間金融機関から吸い上げられて、国内経済から消え、代わりに米国債に置き換わる。つまり日本国内では金融引き締め効果が出る恐れがある。従って、政府によって吸い上げられた円資金を日銀が供給するオペレーションを展開する必要がある。その場合、政府が金融市場で発行した政府短期証券を日銀が買い上げるオペレーションとなるのだが、日銀は独立性を盾にとって応じようとしない場合が多い。日銀はデフレよりもインフレのほうを恐れる性癖が強く、むしろ金融引き締めを好むから始末が悪い。

二〇〇三年から一年間、政府はワシントンの了解をとって円安誘導のために、大規模な円売り・ドル買い介入を行ったが、このときは幸い日銀がお札を継続的に増刷して金融機関に流し込む量的緩和政策をとっていたので、ことなきをえた。しかし、東日本大震災後や欧州危機に伴う急激な円高時での政府による円売り・ドル買い介入時に、日銀の白川方明総裁は「介入は財務省の仕事」と言って一線を画している。

政府短期証券は外為市場介入のたびに増え、二〇一一年九月末時点で一二八兆円以上に達する。

その分だけ、民間貯蓄が米国債などに置き換わり、円高が進行するに従って政府は為替評価損を被る。その額は二〇一二年初めの時点で四〇兆円にも上る。貴重な国民貯蓄をみすみす外貨運用で巨額の損失を受けない方法をとるべきである。ならば、日銀資金を使って米国債などを購入すればよい。日銀資金は償還の必要もコストもほとんどかからない永久国債のようなものだから、国家間の慣行上長期間保有し続けなければならない米国債など外国国債の購入財源としてはうってつけのはずである。

筆者案は、すでに民間貯蓄を財源にして購入した米国債などを日銀に買い取らせることで、金融市場から吸い上げられた民間資金相当額を日銀資金で充当し国内経済のために使う決め手となる。

「米国債売却」はトラウマか?

この外準活用策A案はもともと、筆者が脱デフレのための秘策として、二〇一〇年一月に鳩山由紀夫首相、さらに翌月には菅直人財務相(いずれも当時)に会って進言したのだが、鳩山氏はあの大きな目玉をくるりと回しながら、「米国債を売るような真似はできません」と即座に答えた。菅直人氏は「政府債務が増えるのはだめだ」と言い、かたわらにいた側近の議員が「米国債を売るわけに行かない」と補足する。日銀首脳陣にも拙案をぶつけてきたが、みんな黙り込んでしまう。実は「米国債売却」は永田町にとってタブーである。なぜそうなったか。

一九九七年六月二三日、訪米中の橋本龍太郎首相（当時）はニューヨークのコロンビア大学での講演で、「ここに米連邦準備制度理事会（ＦＲＢ）やニューヨーク連銀の人はいないだろうね」とニヤッとし、「私は何回か日本政府が持っている財務省証券を大幅に売りたい、という誘惑に駆られたことがある」と続けた。たちまちウォール街では株式と国債が急落した。ワシントンではルービン財務長官（当時）が憮然としてコメントを拒否、議会指導者は「脅しや空威張りにみえる」と怒った。以来、クリントン政権（当時）の日本冷視が目立つようになり、橋本氏の求心力は衰え、翌年七月に退陣した。永田町では「米国債売り」を口にする政治家は政治生命を失うという伝説が生まれた。

同盟国日本が保有米国債に手を付けると覇権国米国の逆鱗に触れるというのはしかし、恐怖におののく日本側の考えすぎかも知れない。ワシントンのピーターソン国際経済研究所のカルメン・ラインハート上級フェローは、共和党政権なら米経済諮問委員会（ＣＥＡ）委員長候補との呼び名が高いエコノミストである。彼女は一一年四月、産経新聞記者のインタビューに答え、「外貨準備を心配すべき国は固定相場制で対外純債務を抱える国。だが、貯蓄超過の日本はまったくの逆で、しかも変動相場制だ」と語り、外貨資産を売却し、復興財源に充てるべきだと説いている。拙論の案は米国債相場に与えるインパクトを考慮して米国債を売らなくてすむように配慮しているのだが、米保守派論客の女史は売っても構わないという思いきりのよさだ。大震災は、日本が「米国債の呪縛」から自らを解き放つ機会を提供してくれたのだ。

外貨準備活用など思いもつかない財政均衡＝増税論者がよく引き合いに出すのは、一九九〇年に東西統一したドイツが九一年に導入した「連帯税」だ。この増税を財源にして旧西独が旧東独を支援したが、当時のドイツと今の日本には決定的な違いがある。統合前夜の西独は物価がなだらかに上昇し、国内総生産（GDP）は着実に拡大していた。統合後、増税しても家計に残る収入（可処分所得）は増え続けていった。東西ドイツ通貨統合を設計したH・ティートマイヤー西独連銀副総裁（後に独連銀総裁）は当時、西ドイツの首都だったボンの自宅を訪ねた筆者に向かって、「外貨準備こそはわがドイツの予備軍だ」と語った。ドイツが外準の範囲内でお札を刷って国内に流しても、経済規模は順調に拡大し、悪性インフレに陥ることがなかった。もちろん経済規模、国民の所得が下がるデフレのような状況とは逆である。その中での連帯税は旧西ドイツ国民にとって過重な負担にはならない。ドイツ式連帯税を復興増税の先例だとする日本の経済学者や財務官僚はもともとデフレであるかないか、という肝心な経済の前提条件を無視している。

増税主義はもう一つ、やっかいな負の副産物をもたらす。円高である。対照的に、借金大国米国はドル札を刷って財政や金融を後押しするインフレ政策をとっている。増税というデフレ政策で支えられる円の価値は相対的に上がる——と海外の投機筋は読む。震災による設備のダメージや放射能汚染風評被害で日本製品はハンディを背負っている。さらに円高圧力が加われば日本の輸出産業は二重苦、三重苦にあえぐ羽目になる。

民間のカネ余りもすさまじい。スイス・バーゼルに本部のある主要中央銀行をメンバーとする国際決済銀行（ＢＩＳ）加盟国全体の銀行純債権合計は一〇年末で一兆六五五六億ドルだが、日本は実にその九九・一％、一兆六四一五億ドル（一ドル八〇円換算で一三一兆円強）を占めている。日本の銀行は国債購入を除けば、日本国内の貯蓄を国内の融資に回さないどころか、減らし、余剰分を欧米金融機関に流している。

非金融機関、つまり一般企業の資金余剰規模も膨らんでいる。企業が手元に企業の内部資金（貯蓄）から設備投資を差し引いた額をみると、二〇一〇年末で約三〇兆円に上る。日本の民間は大復興に向けて、一〇〇兆円規模の余剰資金を動員できるゆとりが十分にあるわけだ。

おカネ（貨幣）というものは本来、その発行・流通やそれを配分する予算、回収のための課税、国債発行を通じて国民や企業を生き生きとさせ、経済活動ばかりでなく、安全保障、さらに芸術・文化まで高い次元に引き上げるための手段のはずだ。ところが、お金を支配する財務官僚・日銀が本来の使命に背を向け、その支配権を使って国民や企業から活力を奪い、国家を衰亡させる道具にしている。この在来型の財政・金融政策を大転換させることが肝心なのだ。

日本再生の「チャンス」

復興プランを貫く筋とは何か。拙論は、旧型システムの廃棄と生産、流通、消費の「新結合」だと考える。ゴールは、「投資のルネサンス」である。

近代経済学の泰斗、J・シュムペーターは時代を大きく動かす「イノベーション」（技術革新または新機軸）を新結合と呼んだ。

現代での例は情報通信（IT）革命である。インターネットとパソコンソフト「ウィンドウズ九五」の登場以来、電子で結ばれた世界は情報の垣根を解消し、モノやサービスにとどまらず金融のグローバル化を促進している。各種の新たな投資ブームが世界規模で沸き起こり、新興国の中国やインド、ブラジルなどを爆発的に成長させてきた。

国連の調べでは、世界の直接投資受け入れ総額は二〇〇六〜〇八年の平均で一九九〇〜九二年平均の一〇倍以上に拡大した。その中で、日本国内の設備投資は九〇年代初めがピークで縮小傾向が続いている。企業と銀行の投資、融資は国内向けを減らし、海外向けを増やしている。つまり国内で使うべき国民の貯蓄は海外に流出している。日本はIT革命がもたらす投資ブームに乗り遅れ、元気をなくしてきた。

道路、港湾など公共投資の出番だが、従来の縦割り行政のもとでは官僚が天下りを収容するためのハコモノを事業に張り付ける。電力会社は経済産業省のOBを受け入れ、発電・送電一体となった地域独占に安住する。利権を狙う政治家はそこに「口利き」の機会を見つける。納税者のカネはコストだけかさむコンクリートに置き換わり、赤字しか生まない。

効率の悪い財政支出だから経済成長できない。従って税収は増えない。旧来の利権システム保全を優先する官僚はそんなニヒリズムから復興国債の償還のためには増税を充当すると考える。ならば従来の体制を換えるしかない。

電力事業を例にとると、送電、発電を分離し、新規参入を自由化すればよい。すでに民間や地域主導で、太陽光、風力など独自の再生可能エネルギーの開発や利用の試みは各地で始まっている。長野県飯田市では各住戸が毎月一万九八〇〇円を市と民間企業が運営するファンドに九年間払う見返りに太陽光発電設備をゼロ費用で設置する制度を二〇一〇年から始めた。東京都心の再開発ビルに太陽光パネルをはり付け、自家用ばかりか他に売って収益を稼ごうとだれもが考える。

再生可能なエネルギーの爆発的な普及を阻んでいるのが発送電一体、地域独占の現行システムである。曇ったり風がやんだりすれば発電量が減り、送電も不安定になる技術的障害は、世界最高水準の日本の蓄電池や「次世代送電網（スマートグリッド）」で解決できる。なのに電力会社はオープンで多様な発送電システムに背を向ける。政府は発送電分離には同意するが、金融機関に東電向け債権を放棄させ体制温存に走る。

電力を自由化すれば、財政資金を使わなくても、民間資金主導で多種多様な電力投資が相次ぎ、さながらエネルギー版のルネサンスの様相を呈するだろう。

シュムペーターの言う新結合とは破壊と創造の連続である。大震災ははからずも物理的な面を破壊したが、旧来の政治、行政、規制のままではもとの木阿弥である。一〇〇兆円規模の財政資金およ び民間資金は優にある。だが、縦割り行政を解消し、規制を撤廃しないと、日本再生の絶好のチャンスを逃すだろう。

V

大震災と復興の経済学

関東大震災に日本の経済学者はいかに反応したか

田中秀臣

はじめに

一九二三（大正一二）年の関東大震災の復興政策をめぐって、日本の経済学者やエコノミストたちは、さまざまな言論活動や震災をめぐる現実そのものへの関与を行った。その活躍は雑誌や新聞への寄稿を中心にしたものではあったが、同時に震災そのものの体験記、政治的な集団行動、また被災実態のボランティアな調査活動なども含まれていた。本章ではこの震災時期（主に二三年九月一日から二五年中ごろまで）を対象として、彼らの活動をいくつかの視点から検証してみたい。特に震災期の経済政策論議は、いわゆる「大正バブル」崩壊（一九一九年）から昭和恐慌（一九三〇〜三一年）でピークを迎える経済政策論争――これはデフレ政策を推し進める「清算主義」か、あるいはリフレーション政策を勧める「リフレ主義」かの対立――のひとつの通過点、しかもきわめて重要な通過点であった。経済論壇の主流は、経常収支赤字による対外準備減少を日本の国際競争力の欠如であると評価し、円高＝デフレによって非効率な部門を淘汰してその国際競争力を高めていこうとする清算主義が主流であった。この清算主義的な発想は、当時の憲政会（後の民政党）の経済政策の方向や財界の多くの意見とシンクロしていた。経済学者たちの主流意見は、この清算主義の中で震災復興政策を一体化して考えていこうというものであった。そのため財政緊縮の中での復興政策が志向され、被災地には忍耐が要求された。対して、リフレーション政策（インフレーションに基づく復興政策）を唱える経済学者やエコノミストはきわめて少数であった。

この清算主義は、震災前から論壇の主流であったいわゆる「平時」の経済思想が、そのまま震災以後という「危機」の経済思想として持ち込まれたといっていい。対して、インフレーションに基づく復興政策は、「平時」ではなく震災という「危機」の経済政策として必要であると少数の経済学者（小泉信三、津村秀松ら）は考えていた。この「平時」ではなく「危機」の経済政策の必要性は、失業問題についての福田徳三の見解にも見ることができる。前者のインフレーション政策は石橋湛山らによって鍛えられていき、また後者は日本の厚生経済学の誕生を告げるものに進化していった。

これまで関東大震災をめぐって経済学者やエコノミストたちがどのような活動を行ってきたのかの展望は、断片的なものを含めてほとんどなかった。ここでは、清算主義とリフレ主義の対立、「平時」と「危機」の経済思想といった論点に留意しながら、関東大震災の経済学者の活動を展望していきたいと思う。

一　関東大震災前後の政治・経済状況

一九二三年（大正一二）年九月一日、関東地方をマグニチュード七・九の大地震が襲った。関東大震災は、当時の東京市や横浜市を中心にして甚大な被害を与えた（死者・行方不明者一〇万五千人超)。関東大震災による国富への被害は、当時の単位で東京府が約三七億円(商品〔在庫含む〕が約一七億円、建物が一一億円など)で筆頭であり、そのほかの地域を含めると約五五億円に達する(皇室財産の被害額を除くと約五二億円)。当時の(皇室財産などを除く)国富総額は、一九一九(大正八)年の調査で約九〇〇億円だったので、約六%の被害だったことがわかる。また、一九二三年の実質GNPは一一八億円ほど(大川一司他の推計)であったので、この被害額はGNPの約四七%に当たる巨額な額であった。

関東大震災前の日本経済は、いわゆる「大正バブル」の崩壊をうけた一九二〇年からの経済停滞局面であった。震災の前年(二二年)の実質成長率はマイナス二・六%であった。輸出は大幅に減少し、また投資も消費も冷え込んでいた。当時の日本銀行は「大正バブル」の崩壊を、一時的な攪乱と考えていて、むしろ不良企業の淘汰に役立つと、例えば二〇年当時の井上準之助総裁は考えていた。日本銀行は一時的な臨時融資を行うものの、その政策スタンスはデフレ志向の引締め政策を採用していた。

例えばGDPデフレーターでみると一九一九年の「大正バブル」の崩壊以後は以下のようになる。二〇年以降、二四年は震災復興で一時的にデフレーターは上昇したが、あとはデフレ的傾向が増している。また消費者物価指数も同様な動きを示し、二四年にわずかに上昇したが、二五年以降はデフレ型経済に傾斜していき、二四年一・二%、二五年マイナス四・五%、二六年マイナス一・五%、二七年マイナス三・八%、二九年マイナス二・三%などとなっていた。

岩田規久男（2011）は、関東大震災以後の予想実質金利を紹介し、二四年以後二桁台の高い予想実質金利が続き、これが震災後にいったん円安にふれた円ドルレートを上昇に転じさせ、円高は経常収支の赤字要因となり、また純輸出は減少して景気後退の要因になったと指摘している。当時の政策当事者の意識は、このデフレ志向的な政策をむしろ求めていたといっていい。このデフレ政策の採用の傾向は「大正バブル」崩壊から震災前でも同じであった。

「大正バブル」崩壊後の政治状況は混迷を続けた。まず初めての本格的政党政治を標榜した原敬首相が暗殺された。臨時で政友会の高橋是清が組閣（二一年一一月一三日―二二年六月一二日）したがまもなく崩壊。その後、経済状況の悪化と並行する形で短命政権が続いた。ちょうど震災の翌日は、加藤友三郎内閣（二二年六月一二日―二三年八月二四日）から第二次山本権兵衛内閣（二三年九月二日―二四年一月七日）が成立したばかりであった。山本首相は蔵相に井上準之助を起用したが、彼らの政策はその前の加藤政権に続きデフレ政策を採用していた。そのため震災当初は一時円安になったが、前述の岩田の指摘のとおり高い実質予想金利が円高、デフレを定着させていった。

この山本内閣は、震災復興政策として以下のものを応急的措置として行った[1]。（1）「非常徴発令」、「暴利取締令」、生活必需品の関税の減免措置、（2）支払延期令（モラトリアム）の採用、（3）震災地と被災者への租税の減免や猶予措置、（4）預金部資金の低利融資、（5）火災保険問題への対応などである（火災保険の地震による免責を保険会社に認めず、政府が保険会社を助成して被保険者への支払いを補うなど）。これらの応急措置的な政策は、当時の経済学者、エコノミストたちの論点ともなっていった。

震災の復興と復旧は、実行部隊を後藤新平総裁による帝都復興院に担わせ、また財源は公債発行、特に外債発行によって賄った。後藤新平の大胆な帝都復興計画は縮小に縮小を重ね、また政府支出（名目値）の伸びもきわめて低く、緊縮財政のスタンスが採用されていた[2]。このように歴代内閣の大半が、デフレ志向的な政策を続けた背景には、政策当事者の多くが日本の「根本病」を国際競争力の不足からくる経常収支赤字、それによる対外準備の縮減とみていたことにある。彼らは国際競争力は高コスト体質からくると解釈し、物価や賃金の引下げを狙うためにデフレ政策を志向した。またそれを一気に加速させるために採用されたのが、金本位制への復帰であり、これはまた「世界標準」な政策への回帰として国際社会のパスポートともみなされていた。

山本内閣が虎ノ門事件で瓦解すると、山県有朋直系の清浦奎吾内閣（二四年一月七日―六月一一日）が成立したが、見るべき業績を残さず、政友会・憲政会・革新倶楽部の三派による第二次護憲運動で倒閣される。

第一次加藤高明内閣（二四年六月一一日―二五年八月二日）は、憲政会の若槻礼次郎が内相、浜口雄幸が蔵相、政友会の高橋是清が農商務相、革新倶楽部の犬養毅が逓信相。諸派は協調性を欠き経済政策の方針は一致しなかった。だが加藤内閣の下では、浜口蔵相の緊縮財政政策と、またドル平価の放棄（変動為替相場制への移行）を行った。しかしこの政権は、市場に旧平価での金解禁を目指すと一貫してみなされ、また日本銀行の金融引締め政策の継続とともに、円高は持続した。

結城豊太郎は、『最近十年に於ける我財界の動き』の中で、以下のようにこの時代を整理している。

「要するに、震災後清浦内閣成立から昭和二年金融恐慌に至るまでの四年間歴代内閣が一貫してとった為替政策はその動機の何であるかにかかわらず結果は為替相場のつり上げということに帰したのであるから、その影響として一般物価は常に低位に置かれました。すなわち一般金融市場からも為替相場の方からも強く物価に影響したのである。かつ為替相場の低落ということが一種の国辱であるかのごとき心理作用が常時政治家の頭に絶無でなかったこと、また輸入業者とくに紡績業者が率先為替相場の騰貴を希望して運動を開始したことなどもかかる機運を導くのに力があった。しかしこの為替激騰の影響については物価の急落事情が昭和二年の金融恐慌を惹起した一般的現象であることも、今日から見れば覆うべからざる事実となったのでありますが……」[3]。

やがて高橋是清は、普通選挙法が成立すると農商務相を辞任し、また政友会は陸軍の田中義一が総裁になり積極財政と同時に対外進出政策を積極的に進める政党としての色彩を強めた[4]。そして憲政会単独の第二次加藤内閣（二五年八月二日—二六年一月二八日）が成立したが、この第二次加藤内閣のときに憲政会の政策（旧平価解禁、財政緊縮・財界整理の方針）はますます清算主義的色彩を強め、金融恐慌、昭和恐慌に向かっていくことになる[5]。

二　新聞および雑誌の論調

関東大震災発生後の新聞や雑誌に寄稿した経済学者、エコノミストたちの発言を整理すると、経済政策関係では、帝都復興院の創設とその活動を伝えるもの、火災保険の支払い問題、焼失地の政府買い上げ問題、失業者救済問題、また暴利取締関係が目立つ。また復興資金では内債、外債での調達の配分をめぐる議論、さらには増税で調達すべきだという議論もある。

さらに注目すべきなのは、震災直前までの最大の経済論争が金本位制への復帰であったため、これを引きずる形で財界整理や財政緊縮や通貨収縮を唱えるデフレーション政策が主流となっていたことだ。このデフレ政策の主張が日本の「根本病」を直すための処方箋として、多くの経済学者の震災復興政策の議論の方向を決めていた。対して少数派として財政緊縮を軍事支出抑制などとして唱えつつ、他方でインフレーション政策（通貨膨張政策）で震災復興を行うことを主張した経済学者・エコノミストたちもいた。このデフレかインフレかをめぐる論争は、やがて旧平価解禁派と新平価解禁派との本格的な経済論戦に発展していく。

要するに関東大震災後の復興政策をめぐる議論は、「失われた一三年」（若田部昌澄）といわれる戦間期のデフレ不況をめぐる経済論争のひとつの通過点であったことは疑いなく、その復興政策についても、特にマクロ経済的な話題に関しては、後の昭和恐慌期の論争点がすでに出そろいつつあっ

た。(6)

経済学者では神戸《かんべ》正雄（京大教授）の発言が目立つ。彼は市場経済を重視する一方で、政府と民間の緊縮政策、財界整理＝清算主義、物価下落（デフレ）政策、早急な金本位制への復帰などを積極的に説いた。また復興資金の調達方法では国債調達を批判し、増税を説いた。彼はまた消費税提唱の日本における先駆者としても知られている。

『大阪毎日新聞』に一九二四年六月七日に神戸が寄稿した「物価引下が根本問題　一時的犠牲を覚悟せよ」という題名の論説がある。題名でもわかるように、神戸の主張は「清算主義」（経済の非効率を、不況を究めることで解消する方策）の典型的なものであった。神戸がこの論説を書いた当時は、日本はドル平価を維持していた。他方で実勢レートはそれよりもかなり低かった。そのために日本政府は対外準備を切り崩さなくてはいけなかった。この実勢レートが円安に向かう理由は、日本の物価水準が外国に比して高いことだと神戸は指摘する（国際的物価平準説）。国際比較で物価水準が現状のように高いままでは、産業コストが高く、国際競争力で勝てない。その反映が経常収支の赤字（対外準備の切り崩し→正貨枯渇）だった。

「物価水準が今のように外国に比して割高である限り何時までも我国経済発展のしようはない。（略）為替を回復せしめ物価を相当に低下して而も我輸出の振興するだけの基礎を作ることに向けなくては永遠の発展は望まれない、物価が低下しては商人として営業者としては損失を被らなければならぬというが其は一時的の損失であって将来永遠に亘る真の利益の土台を築く為めには此一時の損失は避くべからざる犠牲として忍ばなくてはならぬ」。

神戸は物価引下げのための通貨収縮と同時に、財政緊縮政策も必要だとした。これを一気になしとげるのが（いわゆる旧平価での）金本位制への復帰である。この「根本的改善」の前には復興事業は困難を耐えるしかない。

「復興事業が目の前に横たわるから通貨緊縮は困るともいうが其に多少の困難はあろうとも通貨の自動的緊縮の下に其復興事業を相当に行うより外ない」。

また神戸は、復興資金の調達については、内国債・外国債含めて国債発行による調達には基本的に反対した。その理由は資本市場から民間資金がクラウディングアウトするからであった。神戸が代わって提案した復興資金の調達手段は、国債発行ではなく、国民全体の負担による増税であり、それは「国民一般の貢献の精神」に期待するものだった。

「故にこの際どうしても東京横浜の復興費は公債にのみよる事を中止して、国民全体が負担する所の税金によるべきである。即ち新税を設けるか乃至税率を高めるか＝或は財政行政の根本整理を行うのも可い＝によって財源を求むべきである。なるほど新税を設け或は税率を高むる事は国民に反対が起るであろうが、しかし前述の国民一般の貢献の精神によればこの際の新税或は増税の如きは決して恐るるに足らないのみならず、一時の苦痛をまぬがるるために募債主義によって憂いを残すよりは大に可なりといわねばならぬ」。

（「震災復旧につき国民の覚悟」『神戸又新日報』一九二三年九月一九日）

神戸の震災時期の主張の中には、二〇年代後半の昭和恐慌期での経済論戦において旧平価解禁派が提起した主論点（為替の安定、国際的物価平準による国際競争力の確保、デフレ政策による清算主義）が出そろっていたといえよう。しかもこれは神戸だけの孤立した主張ではまったくない。新聞、雑誌を中心にして政治家、財界人も多かれ少なかれ同じ主張（デフレ政策）を唱えていた。例えば財界では、神戸とまさに同じ論を唱え続けた代表的人物として武藤山治（鐘紡社長）をあげることができる。彼はまた福田徳三などの学者や財界人たちに呼びかけ、各種の会合をひらき、復興政策の緊縮化、デフレ的政策の完遂を提言した。このとき福田徳三は金本位制復帰については慎重な態度をみせた（後に積極的復帰論者に変化する）。他方で武藤はその後、昭和恐慌期では新平価解禁派になり井上準之助と激しく論戦を展開している。武藤と福田の立場の変化に、この時期の経済論争の変化の激しさをみることもできるだろう。

その他に経済学者が新聞に投稿ないし電話取材のコメントを寄せたものは、堀江帰一「震災と当面の経済観」（『東京朝日新聞』一九二三年一二月一日、二日）、勝田貞次（エコノミスト）「緊縮策か膨張策か」（『中外商業新報』一九二四年六月二八日）、坂西由蔵（神戸高商教授）「手形の延期と火災保険問題」（『大阪朝日新聞』一九二三年九月二一日）、津村秀松（神戸高商教授）「経済回復が問題」（『大阪朝日新聞』一九二三年九月二四日）などである。神戸との対比で注目すべきなのは、津村の論説である。

津村は、この復興は国家が中心になるのではなく、被災した現地（東京市など）が、復興の計画の担い手になるべきだ、とした。外債を発行して資金調達を行い、それによる都市再生の公共事業を行うことで被災者にも雇用の機会が提供される。また外債をスムーズに調達・償還するためには、政府がその「行政整理」や軍備縮小による財政緊縮にコミットすることである、と津村は説いた。この軍備縮小を中心とした財政緊縮政策と外債中心の資金調達による積極的復興政策は、同時期に『東洋経済新報』主筆石橋湛山によって詳細かつ強力に唱えられた(本章第五節参照)。

雑誌への経済学者・エコノミストの寄稿もこの時期は盛んであった。特に『中央公論』『改造』『エコノミスト』『東洋経済新報』などが経済学者やエコノミストたちの主戦場であった。そこで震災時期に最も活躍していたのが、堀江帰一と福田徳三、そして石橋湛山である。また学術雑誌でも時論コーナーを設けていた京都帝国大学の『経済論叢』では、『エコノミスト』の常連寄稿者でもあった河田嗣郎、新聞を中心に論陣を張った神戸正雄らが震災復興政策について論じていた。

その論調の硬軟はあるが、石橋を除外して、多くの経済学者たちの復興政策の方向はデフレ政策への志向を持つものであり、緊縮政策の中での復興を目指すものだった。堀江や神戸、そして勝田貞次らは中でも極端な清算主義を唱えた。(7)

例えば震災によって社屋が焼失するなど甚大な損害をうけた改造社では、社主の山本実彦が『改造』誌上で震災特集を連続して組み、そこで堀江や福田らの経済学者が論陣を張った。例えば震災直後に発刊した一九二三年一〇月の「大震災号」では、福田徳三「復興日本当面の問題」「虐殺者と其の曲庇者、讃美者」、堀江帰一「破壊された東京市」、河津暹《すすむ》「震災と経済恢復」、小泉信三「震災所見」などが掲載されていた。福田や小泉のこの時期の震災復興への関わりについては節を改めて論じる。この『改造』も山本実彦自らが清算主義的思考の持ち主であり、その考えは編集方針にも震災以降色濃く反映していく[8]。また震災時期において経済学者たちが最も実践的な活動をしたのは、この『改造』を起点にしてのものだった。その活動については次節で解説する。

三 〝現実〟との接触

雑誌や新聞への寄稿以外で、当時の経済学者はどのように関東大震災とその後の状況の中で振る舞ったのだろうか。多くの経済学者たちは東京市やその周辺にいたため、震災の被災者であったり、また同時代的な目撃者でもあった。例えば鎌倉でかろうじて自宅の倒壊を免れた小泉信三が鎌倉での復旧活動の観察記録を残している。また当時兵役に就いていた住谷悦治（同志社大学助手）は、戒厳令下の緊迫した兵士たちの様子を日記に書き残し後にそれを公表した。

小泉信三は、鎌倉町では罹災共同避難所を建てたが、ほとんど使用されなかったという。その理由は、被災した人たちが自らの財産（土地や半倒壊の家屋など）に執着し、焼跡や焼跡の見えるところにバラックを建て、そこで生活したためであるという。また自身も含めて鎌倉町内の有志者たちが町当局者に意見を具申するときに、しばしば「国家社会主義的」な考えに傾きやすいことを指摘している。

「町において食料の独占的配給をなすべしということは無論第一に考える。次に町内に存する建築材料を町が全部管理して、需要者は町役場の認可をうけてこれを買うと共に、町役場はその一部分を自ら利用して避難小屋その他の建物を設備しなければならぬという説も当然唱えられる。町で小屋掛けするとすれば当然町が労力を徴発しなければならぬ。それをするにはどうするがよいかということが次いで議せられる。要するに有志者の意見は、交換経済が一時破壊せられた現状から出発して、経済的恢復を交換経済的方法によらずに、一つの中央当局者の命令によって行われしめようとする傾きがあるのである(9)」。

しかしこのような「中央当局者」の管理は経済の非効率を生みだし、実際には有志者が議論しているうちに、鎌倉町民がそれぞれ「自家の状態を改善しようとする努力」によって「一日一日活気を帯びさせて来た」と報告している。

震災当時、宇都宮師団の六六連隊に所属していた住谷悦治の目撃した風景は、小泉とはまったく異なるものだった。それは秩序よりも混乱である。

「関東大震災のとき「社会主義者と朝鮮人が東京で暴動を起こしているから帝都防衛のために出動」という命令で実弾十三発手渡されて、兵隊は緊張して出動した。九月一日の夕ごろ、連隊長以下、軍の正式出動のものものしさを初めて見た。年末に帰隊した兵隊が消灯ラッパのあと、寝台でヒソヒソ言い合っている。「中隊長が青竹で殴りつけていた男は早大生で、あとで中隊長と同じ町の者だとわかった」とか「××駅のプラットフォームで、土地の自警団の青年に、避難民に交じっていた朝鮮人が三人引きずり出されてなますのように切り刻まれたなあ。ひどいもんだ」という話。あのとき、目もあてられぬ残忍な出来事は数かぎりなかった[10]」。住谷は東京帝大時代の師であった吉野作造に兵隊での体験を手紙で伝えていた。また住谷はこのときの体験がきっかけとなり、自分の進むべき道に苦悩した。

「大学で学んだ社会理論が、現実と矛盾していることを胸の痛くなるまで痛感し（略）経済学史という歴史を研究しようという第一歩で、学問と現実との間の矛盾を感じて悩みはじめた[11]」。住谷の抱えるこの「矛盾」は、彼を単なる経済学史研究者に留まらせなかった。やがて住谷は経済学史研究によって体得した「歴史的方法」とジャーナリズム活動の接点の中で、この「矛盾」に対峙していくことになった[12]。

ところで、関東大震災のときの経済学者の最も活発だった現実との接触は、住谷悦治の師であった吉野作造が中心となった「二十三日会」の活動である[13]。当時の総合雑誌『改造』の社長山本実彦が音頭をとったものであり、先に述べたように山本は震災について社運をかける意気込みでこの問題に取り組んでいた。山本の意図は、政府の復興政策への対案提出であった。二十三日会は、堀江帰一（慶應義塾教授）、福田徳三（東京高商教授）、政治学者の吉野作造（東大教授）が会を主導した。経済学者は堀江と福田だけだったが、それでもこの会の活動の中核であり、関東大震災の中でただひとつ確認できる経済学者たちの「政治」への接触となった。二十三日会では、失業救済、火災保険問題、朝鮮人と社会主義者の虐殺事件——後者は特に大杉栄事件——について討議し決議した。決議内容は不明であるが、中心メンバーであった福田、堀江、そして吉野のその前後の発言からおおよその内容は推測できるだろう。失業救済、火災保険問題については本章の第五節で福田の意見を紹介する。また朝鮮人と社会主義者の虐殺事件については、特に前者について「罹災同胞慰問班」の行った朝鮮人虐殺実態調査の公表をめぐる吉野作造の試行錯誤や当時の論説での強い批判に表れている[14]。また福田も『改造』(一九二三年一〇月号)に「虐殺者と其の曲庇者、讃美者」を寄稿して当局批判を行った(しかし伏字が多く無残な形でだが)。

他のメンバーは、伊藤文吉、渡辺銕蔵、千葉亀雄、吉坂俊蔵、鶴見祐輔、永井柳太郎、中野正剛、大川周明、大田正孝、山川均、山本実彦、松本幹一郎、桝本卯平、小村欣一、小村俊太郎、権田保之助、北昤吉、城戸元亮、三宅雪嶺、三宅驥一、下村宏、鈴木文治、末広厳太郎、饒平名智太郎《よへなちたろう》が、第一回の会合(九月二三日)に出席した。堀江と福田は第一回会合に出席し、座長を堀江、会合の二十三日会の名称を福田がつけることになった。吉野は欠席した。案内は出したが欠席した者は、伊藤正徳、石橋湛山、鳩山一郎、長谷川萬次郎(如是閑)、馬場恒吾、穂積重遠、富田勇太郎、吉野信次、田沢義鋪、大山郁夫、安部磯雄、青木得三、杉森孝次郎などであった。『改造』の執筆者を中心にした当時の知識人大集合の感がある。

さらにその決議をもって、当時の首相、内相、法相に手渡すことをこころみる(だが多くは不在であり間接的に渡すに留まった)。内相官邸では岡田忠彦警保局長と懇談している。

だが、新聞や雑誌における関東大震災の関連記事は、震災が起きた九月から翌年二月にかけてがピークであり、それ以降は急速に関連記事が減少する。『改造』でも一〇月号から翌年二月号にかけて集中的に震災関連の記事が掲載されていた。もっとも改造社は、二四年五月に『大正大震火災誌』を発刊して気を吐いている。しかし二十三日会は活動期間が短かった。一〇月二〇日の諸決議を閣僚たちに手渡して以降は自然消滅したようである。

四　小泉信三の思想的展開

今回の東日本大震災の影響で、さまざまな文化的事業やイベントが中止・延期になった。被災地の感情を慮って自粛するという方向のものが多かった。他方で、さまざまな芸能人、アーティストたちの募金活動や民間のボランティアな支援イベントも震災直後から活発化していた。

関東大震災のときに、当時慶応義塾の教授であった小泉信三は、被災した人たちの実態調査を同僚の堀江帰一とすすめるかたわら、テニスや歌舞伎など文化的な行事に多くの精力を割いていった(15)。いまから一〇年以上前に、この震災当時の小泉の行動を知ったときに、被災調査よりも次第にテニスなどの文化活動に忙殺されていく小泉の姿勢を、私は批判的に考えていた。しかしそれは早急すぎた判断だったかもしれない。被災された地域の人たちのためにも、経済は回り続けなければならないし、その中で文化的な経済活動は重要な位置をもつ。

「奢侈品購入の上に行ふ節約よりも、必需品購入の上に行ふ節約の方が効果が大きいのである。

（略）此の非常の際に当つて、奢侈的支出が比較的無害であるといふのは異様の感を以て聴かれるかもしれないが[16]」。

もちろん流通や生産の中で文化的な活動（上記の引用の「奢侈的支出」）が重要性を持つだけではない。人々の生きる力、またはもう少し限定しても人々の厚生に好ましい影響を及ぼすだろう。小泉信三は、そもそもイギリスの経済学者スタンリー・ジェボンズの経済学から影響をうけ、「労働は苦痛」であるという観点からいくつかの論文を書いたのが彼の学者キャリアの始まりだった[17]。「労働は苦痛」であるということの反面は、「余暇は快楽」である、という発想が帰結する。この当時の小泉は「労働は苦痛」であるから、労働をなるべく最少の犠牲として、最大の効果をあげるという、生産性に限定して自分の関心を磨いていた。当然に、反面では「余暇は快楽」という面の効率化が考慮されなければならないが、この論点は事実上忘却されていた。

ところがこの小泉の考えに転換をもたらしたのが関東大震災であった。これは小泉のとって二段階の思想の展開を伴ったといえる。ひとつは、生産面だけではなく、人の経済生活の厚生面への注目、もう一つは人間の価値についての認識である。

彼は震災当時、鎌倉に住居をかまえていて、その地で被災してもいたことはすでに書いた。この被災による薄明かりの中で、彼はアーサー・セシル・ピグーの『厚生経済学』を読み出し、ピグーが第一次世界大戦を背景にして書いた『戦争の経済学』に読書はすすむ。ピグーからの知見を基にし、『改造』の「大震災号」に寄稿した小泉の論説「震災所見」には、「災害経済学」（小泉の発言）

の基本的な考えが開陳されていた。

「罹災者のためには、価格の低廉を保障しながら、他の一方において利潤によって生産増加を刺激しようとするには、国家がその間に介入して、生産者の利潤の一部または全部を自ら負担するということも必要になって来るだろう。種々の形における補助金支給はそれである。わが政府も既に生活必需品並びに建築材料の輸入関税を免除するに決した。それは国家が関税収入の一部を放棄して罹災者のために必要材料の低廉を保障したものとも見ることができる。同軌の事は国内産物についても行われるかもしれない。課税免除が不十分だとすれば、積極的に補助金を交付することも或いは行われるかも知れない[18]」。

この国家の負担をファイナンスするのは、大きくふたつの方法がある、と小泉は指摘する。ひとつは「納税、募債、寄附」であり、もうひとつは「インフレーション」をおこすことである。

「復興のためには政府及び私人は殆ど未曾有なる勤務、物品の購買を行わなければならぬ。この購買が全部国民の一部の購買力を割いて、これを他の部分に移すという方法（納税、募債、寄附）によって行われることは最も望ましいが、事実においてその完全に行われることは期待することが出来ない。そこで必ず国民中の他の部分の購買力を削減すること（或いは十分削減すること）なくして、政府及び罹災者のために購買力を造り出すという方法が択ばれるだろう。即ちインフレエションである[19]」。

後者のインフレーションを起こすこと（いまでいうリフレーションである）には欠点もある、と小泉は指摘する。

「しかしインフレエションは外国から必要材料を輸入することの已むべからざる今日において、わが邦人の対外購買力を減殺する大損がある。この為替相場の逆変を防ぐには如何なる方法を取るべきか。凡てこれ等の点においては欧州大戦の経験に学ぶべき多くのものがある」[20]。

「この為替相場の逆変を防ぐには如何なる方法を取るべきか。凡てこれ等の点においては欧州大戦の経験に学ぶべき多くのものがある」とは次のことを意味すると思われる。欧州大戦において各国は相次いで金本位制から離脱した。と同時にイギリスなど各国は自国通貨をドルに固定化することを選択した（ドル平価）。またイギリスなどでは戦費調達を政府紙幣を発行することで実施していた。政府紙幣の発行によって、イギリスはアメリカに比べて高いインフレを経験した。実際のドルポンドレートは、法定のドル平価よりもポンド安ドル高だったろう。そのため実勢よりも高い水準の固定為替レートを維持するために、イギリスの保有するドル準備が減少する可能性があった。だが、戦時中、イギリス政府はアメリカから事実上無制限のドル借款を行うことができた。このため第一次世界大戦中、イギリスは、（アメリカに対して）より高い物価水準、貿易赤字、実勢よりも高い水準のドル平価という状態を維持することができた。これらの知見は、小泉が「震災所見」で参照していたアーサー・C・ピグーの『戦争の経済学』（一九二一年初版）に解説されていた[21]。

ところで実際には関東大震災当時の日本はすでにドル平価（一〇〇円＝五〇ドル）をとっていた。例えば当時の井上準之助蔵相は小泉の示唆の通りに、震災以後も震災対応の輸入を奨励する一方で、円安を防ぐために、このドル平価の水準を維持すると公言していた[22]。ただ井上蔵相はインフレーション政策をとることはなかった（というよりもとれなかった）[23]。

小泉は続けて以下のように書く。

「しかし根本において戦費は直ちに富の滅失を意味しないのに、災害は有体財の破壊であるから、災害を処するには自ら戦争を遂行するのと別の処置を必要とする点が多かろう」[24]。だがこの「別の処置」は具体的には提示されることはなかった。小泉は、「ピグゥの『戦争経済学』に倣って、平時経済学に対する『災害経済学』を編むのは学者今後の任務であろう」とするのみであった[25]。

ところでこの小泉の見解は、彼の経済学の師であった福田徳三から厳しい指摘を受けることになる。福田は、小泉の見解があまりに有体財の損失だけに傾斜していると批判した。福田は小泉と同じく被災者の実態調査を行い、それを日本で最初ともいうべき災害経済学の書『復興経済の原理及び若干問題』（一九二四）にまとめた。この本の中核にあるのは、有体財（物）の損失よりも、被災した人間性の損失とでもいうべきものに多くの紙数を割いたことにある。

福田は、小泉が人間性の損失を軽視していると批判したのだ。これに対して、小泉は自らの非を率直に認めた[26]。ここで小泉の二番目の思想的転換が訪れたと私は理解している。では、この人間性の損失の問題を、小泉はどう経済学の中に組み入れたのだろうか。

実は小泉はそういう作業を経済学の外で実践したのではないだろうか。それがテニスや歌舞伎、野球などさまざまなスポーツや文化活動への傾倒である。明らかに関東大震災以降、テニスを中心にしてその活動は公にも拡大していく(27)。その活動のひとつの帰結として、(小泉信三が関与していたとされる)現天皇・皇后の軽井沢のテニスでの出会いもあるのだろう。あるいはさらに小泉自身の国家観との関連もみるべきかもしれない。だが、この側面の研究については他日を期することにしたい(28)。

五　福田徳三の平時と危機の経済学

関東大震災の余震がまだ続く中、福田徳三は震災の経済的影響の調査を行い、それを一書『復興経済の原理及び若干問題』にまとめた(29)。

「ここに大正一二(一九二三)年九月一日わが関東地方を襲った大震災は、端なくも、われらに、その力と勇気とを振い起こさしむべき機会を与えた。私は、同学諸君の驥尾に付して、この試験に応ずべく、一方書斎内において、他方街頭に出でて、自分の微弱なる心力と体力の及ぶかぎり、あるいは思索し、あるいは奔走し、あるいは調査し、あるいは勧説することに努めた(30)」。

福田は学生たちの協力を得て、またみずからも「水筒を肩に、ゲートルばきで、トラックや馬力の絡繹たる巷を駆けずり廻った」のであり、『復興経済の原理及び若干問題』にはそのときの調査と経験を基にした福田の震災復興に対する考えが非常な説得力をもって説かれている。また同書は、福田の目指した「厚生の経済学」の核心ともいえる思想に一貫して支えられていた。また福田の震災についての発言は、小泉の「災害経済学」を批判的にとらえ直した、「復興の経済学」という危機の経済学といえた。

福田は、大震災による被害を、「私の立場から見た経済上の損失なるものは、地震のために倒され、火事のために焼かれた富では」なく、むしろ無形財に「将来」にわたる損失があることに求めた。いうまでもなく幾多の人命が直接には震災で、間接には「国士となのる輩」によって失われたことが最大の損失であると福田は嘆いた。「幾多の人命」には、当時虐殺された朝鮮人・中国人、社会主義者らが含まれていると考えていい。その上で、彼自身の最も強調する無形的な損失とは、罹災した人々の失業であり、より直接には失業による労働者の（1）技能的・職業的損失、（2）道徳的性格の損傷であった。前者の問題は、当時政治的な問題にまで発展した火災保険金問題や土地家屋の賃借権問題と関連するものであった。失業問題がどのように火災保険金問題や土地建物の賃借権問題と関係するかは後述する。

まず（2）の罹災者の道徳的性格の破壊について、福田はもっぱらおそまつな避難住居を問題視した。

「集団バラックにおける徳性の破壊については、私は幾多の事例を目撃した。風紀などはいうまでもないことであるが、私のもっとも恐れるところは生存の肯定力の薄弱化これである。

ことに正しく人らしく生きんとする意思の減損これである。したがって、今日の経済生活の根本基調を成す営生の衝動の悪化これである(31)」。

仮設住宅が、衛生面や利便性などの点で、住む者の適性や能力をまったく無視したものであるとする福田の批判は、関東大震災から七〇年以上たって阪神淡路大震災や東日本大震災を直接・間接に経験した私たちの共感を素直に呼ぶ。

震災の与えた損害に対する福田のこのような基本的な見解は、当時の他の経済学者・社会主義者たちの見解とは異なっていた。例えば、福田の弟子のひとりである小泉信三の主張は、先にも言及したように有体物の破壊に注目したにすぎなかった。

前述のように、小泉は震災当時、鎌倉の私邸にいて被災した。地震のため停電した住居で、数日をかけてピグーの『厚生経済学』を読破し、その要旨を「社会政策の経済原理——Pigou, The Economics of Welfare を読む」(一九二三)にまとめた(32)。小泉はピグーの著書を、「今回の大災に際して当に先ず読むべき経済学書の一つ」としている。日本における『厚生経済学』の紹介が関東大震災を契機にしており、またそれが本格的な日本の「厚生の経済学」の誕生を導いたことは注目すべきことだ(33)。

さらに小泉は、ピグーの『厚生経済学』や『戦争の経済学』をうけて、前述した論説「震災所見」の中で、「災害はまず有体財の破壊」であると定義した。この定義自体、福田の災害を無形財の損失とする見解と対立するが、小泉はすすんで論点を政府の「暴利取締令」に絞って次のように批判した。

小泉によれば、震災を復旧するための造営物などの建設やそれに関連する財貨の価格騰貴は、あまりに抑制することはかえって「帝都復興」の妨げになるとする。なぜなら、それらの財や資本は利潤を目的に充用されるのだから、その利潤を必要以上に制限することは、かえって経済原理を妨害し、資本の充用を阻止してしまうからである。「少しばかりの戦争『暴利』(プロフィチャリング)は、生産の大阻害よりも害が少ない。大なる『暴利』は極く少しばかりの生産阻害よりも有害である」とピグーの言葉を引いて自らの主張を要約している(34)。

小泉が、もっぱら「帝都復興」を、破壊された建物や施設などの有体物の再建と等しいものだとしていたことは、罹災者の失業問題について福田に比べて格段に問題とするところが少なかったことでも傍証される。確かに、小泉は福田と同様に学生を利用した罹災民調査を行ったが、途中で中断したことは先にみた。

ところが小泉は福田による批判をうけて、自らの見解があまりにピグー贔屓であったことを反省する内容の手紙を福田に送っている。他方で小泉のみならず、「有体物の破壊」を震災の本質とする見解は、政府の施策者をも含めた当時の多くの識者の意見を代表するものであったといえよう。

例えば、福田は後藤新平らのすすめる帝都復興院の政策は、「都市計画の一事を出ていない」と批判し、それは単に「江戸式東京とその時代おくれな諸々の有形、無形造営物の旧態回復」にすぎないと断じている。むしろ今回の震災を機に、「新旧代替転置」を図らなければならないとした[35]。だが、実際には急を要する社会政策の実施がみられないばかりか、非常時を便法にして普通選挙制度の導入や健康保険法の制定を意図的に遅らす機運があると政府を批判している。

次に、失業による労働者の技能的・職業的損失について見てみよう。福田は、まずシーボーム・ラウントリーやピグーらの失業概念を批判している[36]。ラウントリーらは、失業を主に「雇用失業者」と同義にして考えている。だが、「今回現在の罹災者失業問題は平時の失業問題」と異なる、と福田は考えていた。

ラウントリーらに対して、福田の考える「失業」とは、第一に「雇われ口のない賃金労働者」(「失職者」)と、第二に「広く職業を失い之を快復し能わざるものの全部」(「失業者」)を含むものであった。福田はあわせて「失職業者」と名付けている。ただしこの用語法を福田は自らは厳密に利用していない。

前者の「失職者」はラウントリーらの「雇用失業者」と同義である。後者は、労働者の保有する労働の質が、提供されている職業や働き口に対し適応できないか、または技術や才能が活かされないための失業状態と考えられる。そして両者ともに、福田の失業論の中では、政府の介入なくして救済されない状態にある。まず「失職者」についていえば、震災の中で発生した特有の私的契約の瑕疵が原因で失業が生じていて、この私的契約の瑕疵は市場にまかせていても自己修復しないからだ。

この震災下における私的契約の瑕疵とは、先に挙げた火災保険問題と土地建物の賃借権問題にあった。この両者が、災害に遭遇した企業の経済的な負担になり、いっこうに失業対策がすすまないと福田は考えたのである。

火災保険問題とは、これは戦後、阪神大震災などでも話題になったが、火災保険には、地震による火災については特約免責条項があり、そのため罹災した企業や民間人には支払いが行われなかった。また土地建物の賃借権問題は、地震や火災などで倒壊・焼失した工場や家屋を賃貸していた場合に生じた。これらの賃借権は、その建物の喪失によって効力を失うと、当時の民法では定められていた。これら二つの問題が企業の足かせになり、雇用契約の解除いわゆる首切りが多く見られたのである。

これらの問題は、小泉が議論した「暴利取締令」とともに震災後の大きな社会問題であり、政治家・法律家・経済学者をまきこんで論争が行われていた。例えば、社会主義者の山川均は、震災救済こそ実は世間で批判をうける「社会主義政策」そのものだとし、私有財産制の制限を復興政策として主張した。具体的には、都市計画のための土地国有化、火災保険金問題の解決を商工業者側に有利に設定した契約内容の変更であった(37)。

福田の主張も山川と同様に、私有財産制の制限という点では同じだった。福田は「生存権擁護令」を公布し、政府は私法の一部モラトリアムを断行すべきであると説いた。

「其の規定は、『政府は此度の震災によって危殆に置かれたる人民の生存を擁護するに必要と認めたる条項に限り、現行法律の適用を来何年何月何日まで停止し、之に代るべき命令を発することを得』とし所有権及其派生諸権と債権、就中契約に関する事項中、罹災民の生存を擁護するに不適当と認めたる条項の効力を一時停止し、之に代るべき法規を命令として発すべきである(38)」。

火災保険の免責特約条項の停止を行い、その保険金で民間の企業復興の一助にすること、さらにこれらと連動して雇用契約の解除の一時停止を行うことなどが含まれていた。同時に、福田は政府による保険会社への補助金政策を主張した。政府が保険金支払いの最終的な担い手になることで、保険会社の国営化を福田は最終的な目的にした。ただ清浦内閣の「借地借家臨時処理法」(大正一三年八月一五日)で一応の実現をみたと、福田自身は結論している。

他方で、賃借権の消滅に関する条項の一時停止については、「人間にふさわしい住居の要求」である「居住権」Wohnungsrecht を根拠とするものであった。

「土地家屋の貸借は居住若しくは営業本拠(Leben=oder Erwerbsstandort)の賃借である。土地や家屋は其形態たるに過ぎない。其の実質を名けて『生存(又は営業)本拠権』((Leben)=(Erwebs) standortsrecht) 略して『居住権』Wohnungsrecht と云はんと欲する。居住権は建物の焼失と共に焼け去るものではない。火に焼けず雨に流されざる堅固なる無形なる人間本来固有の権利である(39)」。

この「居住権」は、先の罹災者の仮設住宅の悪条件、それによる道徳的性格の毀損という論点につながっていた。

ところで「平時」の失業ではない、いわば危機における失業概念を、福田は震災後の罹災民調査で鍛え上げて行った。福田は罹災民調査の結果、東京市の失業者を全体でほぼ一一万二千人であると推定した。福田はこの失業調査について、従来の日本ではこの種の調査が行われなかったことが、現実に適応した社会政策の実現を困難にしていたとし、その意義を強調している。[40]

またこの失業調査を支える理論的な基盤は、自らの主張する「経済民勢学」Economic Demographyであった。[41]「経済民勢学」とは、福田によれば従来の経済統計と経済地理（職業分布）を統合したものであり、「人間の生活態様の統計的研究」である。具体的には、職業によって社会的な地位（「民勢学的分類」ともSocial Colorともいう）を表わし、職業別の失業調査に力点を置くものとなっている。

以下、福田の調査の概要をみておこう。

国勢調査をもとにした当時の東京市の人口は大正九年一〇月時点で二一七万人ほどであった。そこから震災当日の人口を二三四万人ほどだと福田は推計する。福田の調査の結果は、震災によって七〇万人余りが生活の糧を十分に得ていない人たちであり、その割合は東京市の人口の約三割であった。

福田が行った失業調査は、東京市営のバラックに住む人々に対して実施された。具体的には、当時の地名で日比谷、竹の臺、池端、明治神宮外苑、月島、芝離宮、九段上、テント町といわれた馬場先の九か所に生活していた、三万七千人に対して行う大規模なものだった。期間は一九二三年一一月二日より一〇日間（日曜除く）。調査はボランティアの学生を使い、世帯票、個人票を配布して聞きとり調査をした。世帯票には、世帯の従来または現在の生計費、希望する本業・副業の職種と男女別を明記させた。個人票には、年齢、従来および現在の本業、その勤務時間、賃金の形態別（時間給、出来高給）の記入欄があり、また月収、地位（業主、職員、労働者）、従来および現在の副業、希望の副業（種類、時間、収入）などを書き込むことが求められた。

調査から福田が得たものは次の通りだった。

（1）バラックに居住した被災者のうち以前と同じ業務に復帰したものは全体の三八％程度だった。職業別にみると、商業従事者よりも工業従事者の失業が多いことがわかった。工業従事者の失業者数が大きい原因は、その多くが福田の定義による「失業者」（いわゆる雇用のミスマッチで生じている失業）だからであろう。また男女比でみると、男性は四〇％の復帰率だったが、女性の割合はきわめて低く二〇％程度であった。バラック全体の失業者は六〇％超で、そのうち三四％が完全失業者、二八％が不完全失業者である。この後者の不完全失業者とは、福田の言葉による「転業者」（福田の定義する「失業者」でもある）を意味し、例えば以前の副業を本業にするもの、あるいは震災前とはまったく異なる職業についているもの（例：旋盤工が焼け跡の片付けをしているものなど）を範疇に含んだ。これら「転業者」――特に女性の雇用――の対策として職業紹介所の強化を福田は唱えた。

（2）福田の推計では、東京市全体の罹災した有業者総数に対する完全失業者の比率は三四％超であり、その人数は一一万二千人以上であった。その求め方は東京市内外にいる罹災者総数を八九万五千人ほどとする。これに福田が調査したバラックでの震災前の有業者の割合（＝有業率）三六・七を掛ける。すると避難している人たちの中で震災前に有業者であった総数が三二万八千人ほどと求められる。そこにバラック調査で判明した現在時点の失業率三四・一六を掛けると、現在の東京市の避難者に占める失業者総数約一一万二千人が推計される。この失業者一一万人余には、福田の定義する「失職者」と「失業者」双方が含まれると考えられる。ところでこの人数は、また「直接失業者」であるとも福田はいう。さらにこの人たちに扶養されている人を「間接失業者」と名付け、一人当たり一・七五人を扶養しているとする。そして「直接・間接失業者」の総数は三〇万六千人だとした。この人数を福田は「狭義の失業者」とする。

（3）また先の転業者のように「広義の失業者」を福田は考えていた。

「今現に何か職業を持つて居るが、それは災前の職業其のものでなく、多くは已むを得ず臨時手当任せに有り付いた職業を営んで居るもの、これを転業者と名付けた。雑貨屋の主人がスイトン屋になったり、旋盤工が焼跡片付け人夫になったり、会社の社長が絵はがき屋になったり、其例は沢山ある[42]」。

これら「転業者」は、雇用のミスマッチが原因で発生している福田のいうところの「失業者」であり、その総数は九万二千人になると福田は推測した。

（4）さらに「広義の失業者」には、「災前には何等の職業を有して居なかったもので今も尚職業を有って居らぬが、それでは生きていかれないから、何か身に相応した職業」を得ようとする新求職者が含まれる。これも「失業者」と「失職者」双方に陥いる可能性があり、その総数は五万五千人と推測した。つまり雇用のミスマッチで発生する福田流の「失業者」は、（2）の完全失業者約一一万二千人のいくばくかと、この（3）の「転業者」すべて、そして（4）の新求職者のいくばくかを含む。「失職者」はその残余である。

（5）「転業者」と「新求職者」の扶養する人たちを、潜在的な間接失業者として換算すると、直接・間接失業者はあわせて二七万二五〇〇人になった。

（6）「狭義の失業者」と「広義の失業者」のそれぞれの直接・間接失業者すべてあわせると五七万八五〇〇人になる。これが福田によれば生計困難者である。東京市の人口を福田は二三四万人と推計していたので、その比率は全体の二四・七％となった。つまり東京市の四人に一人が震災によって生活が危機にさらされていた。ただしこれは福田によれば最も少ない数値であり、彼の最大推計値は約七〇万人が「震災の為めに、其生存を多かれ少なかれ脅かされつつあるもの」である。[43]

復興事業の第一はこの総数を念頭においた復興策である必要がある、と福田は政府に要求した。そしてただ単に職を与えるのではなく、失業者の保有する「無形の資本」、つまり人的資本を大切にし、彼らの技能や適性に応じた職業機会を提供することにも注意が必要だ、というのが福田の結論でもあった。

震災で罹災したバラック住いの住民たちに「生存肯定力の薄弱化」をみ、また震災による私法の欠陥による失業の発生を福田は問題視していた。同時に雇用機会の消失が、膨大な人数の雇用のミスマッチを生み出している可能性にも福田は注目した。たしかにこれは震災下の異常な状況で生じた〝危機の失業〟というもので、福田のいう「平時の失業」とは一見すると別である。だが、そもそも福田は従来から労働契約の瑕疵を問題にし、資本主義経済がそれ自体では人々の厚生を引き下げてしまうことを問題視していた。そのため集団的雇用契約を企業が承認するように政府が強制するように求めていた。

復興の経済においても、福田は火災保険や賃借権契約など私法の瑕疵を政府の介入によって是正することで、どのようにして「厚生の経済」へ「新旧代替転置」するか、を大きな課題にしていた。その意味では、福田の「生存権擁護令」の主張は、彼の独自の主張であった「生存権の社会政策」（私法の瑕疵を補う試みの基礎的政策）と言葉の上の類似に留まらず、実質においてもまさしく一致し連続したものだった。震災以後、福田の「厚生の経済学」はより深化していく(44)。

六　石橋湛山の「小日本主義」とリフレーション政策への途

石橋湛山が関東大震災の前後で書いた論説は『東洋経済新報』を中心に膨大なものがある(45)。こと復興政策に直接関係したものでも十数本、また復興政策に間接的に関連していた政治経済の話題から拾えばその数は四、五〇本は下らない。テーマ的には、震災直後では、土地公有制度の実行や都市計画の見直しを求めるものがあった。だが石橋の論説をこの時期最も特徴づけたのは、財政緊縮と物価安定政策である。前者の財政緊縮は、彼の「小日本主義」に裏付けられた陸海軍の軍事支出削減の要求であったし、後者の物価安定は浜口蔵相に代表されたデフレ政策への対抗で出されたものだ。

日本の「行き詰まり」(これは集約的には正貨枯渇問題＝財政危機問題として意識されていた)が潜在的な過剰人口にあるとし、その過剰人口を植民地フロンティア確保などの対外政策で解消することは、当時の政策当事者共通の態度であった。これは浜口雄幸、加藤友三郎、井上準之助ら憲政会、そして高橋是清らの政友会の政治家たちにも党派を問わず多かれ少なかれ共通したビジョン(＝大日本主義)となっていた。それに対して石橋の抱いたビジョンは「小日本主義」と標語されたものであり、それは自由貿易体制の利益を強調し、その実現のために対中国との外交関係の改善が必然的に帰結した。さらには既存の植民地(朝鮮半島、台湾など)の純便益が、自由貿易のそれに比較して大幅に劣ることから、植民地の放棄をも石橋は積極的に主張し、当時の政策当事者の共通のビジョンを「大日本主義の幻想」と切って捨てた(46)。

石橋の政権批判は、特に第二次加藤内閣時に憲政会の政策(デフレをもたらす旧平価解禁、財政緊縮・財界整理の方針)が固まっていくにつれて厳しい口調になっていく。ただ一貫して「小日本主義」の立場から、軍事支出削減が、彼の財政緊縮政策の中核にあった。この軍事支出削減のためには政党間のビジョンの転換と協調が必要であると石橋は考えていたが、歴代内閣について彼の不安と失望は大きかった。

「吾輩の信ずる所に依れば、健全なる財政に於ては、軍事費は総歳出に対して多くも二割を超えてはならぬ。若し此標準を以て、而して総歳出を十二億三千六百万円とするならば、(例えば大正一三年度予算での陸海軍歳出総額は四億四千万超であった)我軍事費は、陸海軍合わせて二億四千七百二十万円以下に減縮するを要する[47]」

「例えば之を財政に見る。国民の中には一般会計歳出を十億円の程度に緊縮すべしとの声もある。けれども、それが為めには一般行政費の節約は勿論なれども、就中陸海軍費に大削減を加うる要がある。護憲派には之を断行する勇気があるか、断行せねばならぬとする信念があるか。(略)所詮護憲派には、些も財政の整理緊縮を行う用意なしと見らるるのである[48]」。

政治的な不安定(大日本主義の幻想)が払拭されないかぎり、経済政策の効果が表れるかどうか確信がもてない、というのが石橋の懸念であった。なぜなら石橋は復興資金の調達を大規模な内外債の発行で考えていたが、それが順調に消化されるかどうかは、政府の財政緊縮への長期的なコミットに依存していると考えていたからである[49]。この面での政治的不安はあったものの、実際には外債発行が実現し、これによって復興資金への活用と同時に輸入代金の清算による正貨流出にも耐えられることに一応はなった。

「欧州戦争中に溜めた正貨を失うことを、身を切らるる如く苦痛とした我朝野は、うかと通貨を膨張させることが、正貨の流出を引起すことを恐れた。併し今や新たに四億七千余万円の正貨が出来たのであるから、彼等は安心して通貨の膨張を敢えてなし得る。而して通貨の膨張を厭わねば、預金部を利用してなり、内債を起こしてなり、或いは国庫剰余金を流用してなり、復興資金を調達することは容易である(50)」。

預金部が保有している国債を日本銀行に直接引き受けさせること、内債を市場消化でファイナンスすること、国庫剰余金(当時の「埋蔵金」)を活用するなどの通貨膨張=インフレーション政策が積極的に提唱された。これらは先に小泉信三が「災害経済学」の中心としたインフレーション政策を具体化したものといえる。

だが、実際には政府は外債で調達した資金を、過度に「正貨枯渇」(=当時の財政危機の別表現)を恐れるあまりに、対外準備としてかさ上げしたまま通貨膨張政策=インフレーション政策は放棄された。それは復興政策もまた日本経済をも「暗黒」にするデフレ政策そのものと石橋には映った。この政府のデフレ政策への批判は、例えば大正一四年の四月に公表された「物価の安定か引下か」に典型的に読み取ることができる。

「我が財界を暗黒にしているものは、政府の経済政策の暗黒である。(略)政府の経済政策の暗黒とは何であるか。政府の、金解禁に反対しながら、しかも内心に於いては、兎角物価の引下の方針に固執し、機会ある毎に、或は強いても、其の実現を図る態度である。而して其の根底は実に浜口蔵相の悲観論に発している。蔵相は我国の財政状態を破産と診断した。(略)ここに於いて、蔵相は一も緊縮二も緊縮、従って日銀の利下げには頑として反対し、為替相場が少しでも回復すれば、我国力の増進信用の回復の兆の如く思うて、之を喜び、其の結果として、我が財界が、生産に於いても取引に於いても益々萎縮せるを見て、それでこそ正気に復り、破産から免れるのである、としていられる。かくては、生めよ、殖えよ、地に満てよ、と勇気を鼓舞するものではなくして、倒れよ、死ねよ、無くなれよ、と蘇活を呪詛するものである[51]」。政府は財政が破産していると公言し、金融緩和を拒否し、デフレと円高の継続を期待する。これは今日の東日本大震災をめぐる復興政策の対立構図とまったく同じではないだろうか[52]。石橋は財政の緊縮に長期的にコミットしつつ、他方で積極的な金融緩和をすれば、財政の再建ができたであろう、と指摘する。しかし政府の立場は異なった。

「惜哉、浜口蔵相は唯だ緊縮することを知りて、其の意義を解せない。唯だ悲観ばかりして、財界を睨みつけている。財界は暗黒に蔽われる外、何があり得よう[53]」。

石橋はデフレ政策という暗黒政策をやめ物価の安定を採用すべきだという。それはインフレ率がゼロという意味の物価安定ではない。(同時代的に石橋が観察していたドイツなどのハイパーインフレーションではなく)低位のインフレであった。この意味で物価が安定すれば、財界の生産の計画に見通しがつきやすきなり、また大震災の復旧復興政策も予定通り促進できる。それが経済全体の回復と産業振興をもたらすと、石橋は何度も強調している。

しかし政府のデフレ政策(=財政破産の喧伝とその回避策)はやまず、金融恐慌、昭和恐慌へとその流れは続いていく。

終わりに——現代への教訓

関東大震災という「危機」をめぐって経済学者やエコノミストたちがどのような活動を行ってきたのかをとりあえず一望した。本章では、まず清算主義とリフレ主義の対立に注目した。典型的には、神戸正雄ら経済学者の大半や、当時の政治家・財界を含んだ主流の考えは清算主義的であり、対して少数の経済学者・エコノミストだけがリフレーション政策を示唆ないし本格的に展開していた。また財政緊縮は清算主義的な経済学者もリフレ主義的な者たちも一様にこの時期は採用していたが、前者は被災者の忍耐に、後者は軍備縮小に力点が置かれていた。これは今日の東日本大震災における論点とも重なる。例えば財政危機を懸念し、その解決を根本的な「税と社会保障の一体改革」に求める人たちは、増税により国民の多くに忍耐と連帯とを求めているように思える。対して現代のリフレ主義は、公債発行による復興政策をすすめ、デフレ脱却を主眼にしているが、同時に構造改革の積極的な論者でもある（財政再建はリフレのひとつの成果としても認識されている）。これらの現代の論争点は、田中秀臣・上念司（2011, 2012）、田中（2011a、2011b）、高橋洋一・田中秀臣・田村秀男・三橋貴明・若田部昌澄・上念司（2011）などで論じた。

また「平時」と「危機」の経済思想の違いも関東大震災のときの経済学者たちは意識していた。

典型的には、小泉信三の「災害の経済学」＝インフレーション政策の示唆であったり、また福田徳三の失業概念の拡張であった。また「平時」の経済学であった清算主義はそのまま「危機」にも適用されていた。この点については、「平時」の経済思想が「危機」の経済思想として現実に適用されたとき、どのような問題が起きるのか、あるいは起きないのか、大きな論点になるだろう。この点については、上記の田中・上念（2012）で全面的に論じたので読者諸氏の参照をお願いしたい。

注

（1）岩田規久男（2011）の整理を参照。
（2）鈴木正俊（1999）によると、名目値でみた政府支出の対前年度比は、一九二三年がマイナス五・三％、二四年が〇・一％、二五年がマイナス二・六％となっている。
（3）結城豊太郎（1931）一八一頁。結城は震災当時、安田銀行副頭取。高橋亀吉・森垣淑（1993）がこの結城の発言を当時の為替相場の変動のまとめとしたことに本章も依る。
（4）政友会も拡張的な財政政策と同時に対外進出を積極的にすすめる政策を志向していたと、安達誠司（2006）は指摘している。この背景には自由貿易制度という当時の対外進出政策と真逆の政策オプションを、政友会が支持基盤とする地方層が農業保護の観点から容易に受け入れることができなかったためだと思われる。
（5）昭和恐慌期の経済・経済政策については、岩田規久男編（2004）を参照。
（6）若田部昌澄（2004）。
（7）二〇年代の雑誌ジャーナリズムでの清算主義については、田中秀臣（2004）を参照。そこではまた堀江帰一、福田徳三の清算主義が詳細に説明されている。また若田部昌澄（2004）では勝田貞次の清算主義についての詳細な説明がある。
（8）山本実彦の清算主義的思考と『改造』の編集方針との関係は、田中秀臣（2004）を参照。
（9）小泉信三（1923b/1968）四四九―五〇頁。
（10）住谷悦治（1974）一七八頁。
（11）住谷悦治（1978）。
（12）住谷悦治の経済学史研究とジャーナリズム活動の接点については、田中秀臣（2001）を参照。
（13）以下の二十三日会についての記述は、松尾尊兊（1995）に主に基づく。
（14）吉野作造の朝鮮人虐殺問題についての活動と言論は、田中秀臣（2001）を参照。
（15）今村武雄（1987）一一四頁以下を参照。
（16）小泉信三（1923c）。
（17）ジェボンズの翻訳は、『経済学の理論』と題され、小泉信三（1912/1969）に収録。
（18）小泉信三（1923b/1968）四五三頁。
（19）小泉信三（1923b/1968）四五三頁。
（20）小泉信三（1923b/1968）四五三頁。
（21）Pigou, A. C.（1921）。
（22）竹森俊平（2006）は当時の井上のドル平価維持について次のように指摘している。「しかし、井上蔵相は、自らの説明によると、震災からの復興のために輸入を奨励し、輸入物価の高騰を招かないことを考えて円安を防止する方針を採った。ただ、これはあくまでも「建前」の議論であろう。当時の井上の言動から考えて、本音は円安を招くことで、ラモントやストロングからの批判を招きたくないということだったのではないか。いずれにしても、井上が固定為替相場をそのまま維持しようとしたことは確かであり、大正一二年（一九二三年）下期は為替レートがほぼ一〇〇円＝四九ドル（一ドル＝二・〇四円）の水準で推移していく。もちろんこのような実勢に合わない円高を維持するためには、日本は正貨準備を放出して、足りないドル供給の穴埋めをしなければならない」（竹森俊平（2006上）三三二頁）。

（23）ドル平価を実勢よりも高めで維持するためには、当時の日本では正貨準備を切り崩すことで過大なドル需要にこたえるためドルの供給を増加させる必要があった。すると市場から円資金が吸収されるためにインフレ抑制的に機能するだろう。

（24）小泉信三（1923b/1968）四五三頁。

（25）「平時経済学」が災害においても中心となり、それが災害復興を困難にするという見解を、田中秀臣・上念司（2011）、田中秀臣（2011b）は提起している。

（26）小泉は福田に書簡でその非を認めた。この小泉の書簡は匿名として福田徳三（1926）二一一八―九頁に収録されている。

（27）小泉信三（1953）における大学生活に関する記述を参照。

（28）このテニスと国家（天皇家との関わり含む）、そして余暇による生活の厚生改善などの論点については、山口昌男（2005）を参照。

（29）福田徳三（1924/1926）に後に収録。

（30）福田徳三（1924/1926）。

（31）福田徳三（1924/1926）一八三二頁。

（32）小泉（1923a/1968）。

（33）福田の「復興の経済学」と「厚生の経済学」の関係は、田中秀臣（2011c）を参照。

（34）小泉（1923b/1968）四五二頁。

（35）福田もそして小泉もそうであるが、震災をそれまでの悪弊のなせるわざとし（地震天譴論）とし、かえって窮状を奇貨として世直しを図る（世直りへの予兆論）というこの構図は、大震災後日本において広くみられたことである。そして、外岡英俊（1997）によれば、このような天譴論は、朝鮮人・

中国人などの異民族虐殺などにつながる民族主義の露呈をともなっていたとする。
（36）福田はラウントリー（福田の記法ではローントリー）のいわゆる「貧困のライフモデル」（熟練した技術をもたない労働者は少なくとも人生で三回の貧困に陥る）については言及していない。このラウントリーの貧困のライフモデルについては岩田正美（2007）参照。
（37）山川均（1923）。
（38）福田徳三（1924/1926）。
（39）福田徳三（1924/1926）一九〇五頁。
（40）失業者調査に特化してはいないが、いわゆる貧困調査の日本における先駆者として、高野岩三郎の大学院時代の統計調査を挙げることができる。また福田の調査以前にも東京市が震災直前に行った調査が存在し、福田も震災後の状況と比較するために利用している。
（41）中山伊知郎（1973）によれば、福田の統計学の体系は、ドイツの統計家G・マイヤーの体系に近似している。マイヤーは、統計学を理論的総論、人口統計、社会統計に区分した。福田は、理論的総合、生存民勢学（人口の静態・動態の分析）、経済民勢学、社会民勢学に分けている。中山によれば、生存民勢学はマイヤーの人口分析に、そして社会民勢学は、同じく社会統計に該当するという。
（42）福田徳三（1924/1926）二〇一三頁。
（43）福田徳三（1924/1926）二〇一四頁。
（44）田中秀臣（2012）で、福田徳三の厚生の経済学についてより立ち入って触れる予定。
（45）なお石橋湛山の東洋経済新報社での部下であった高橋亀吉も震災についてリフレーション政策を主張する論説を書いていた。高橋亀吉の震災当時の論考についての検討は、田中（2011c）を参照されたい。
（46）石橋湛山の小日本主義とその現代的意義については、田中秀臣（2006）を参照。
（47）石橋湛山（1924b/1971）一七四頁、括弧内は引用者による。

（48）石橋湛山（1924c/1971）二二三頁。

（49）石橋は増税による復興資金調達には否定的であった（石橋湛山（1924b/1971）二四頁や贅沢税＝消費税批判なども参照）。

（50）石橋湛山（1924a/1971）一七〇頁。

（51）石橋湛山（1924d/1971）一九八―九頁。

（52）田中秀臣（2011a）。

（53）石橋湛山（1924d/1971）一九九頁。

参考文献

安達誠司（2006）『脱デフレの歴史分析』藤原書店。

石橋湛山（1924a/1971）「外債成立の結果」『石橋湛山全集』第五巻、一六七―一七一頁所収、東洋経済新報社。

――（1924b/1971）「護憲派内閣と財界　財政緊縮の用意ありや」『石橋湛山全集』第五巻、二三―五頁。

――（1924c/1971）「実行容易の財界整理策」『石橋湛山全集』第五巻、一七一―六頁。

――（1924d/1971）「物価の安定は引下か」『石橋湛山全集』第五巻、一九八―二〇一頁。

今村武雄（1987）『小泉信三伝』文藝春秋。

岩田規久男（2011）『経済復興』筑摩書房。

岩田規久男編（2004）『昭和恐慌の研究』東洋経済新報社。

岩田正美（2007）『現代の貧困』筑摩書房。

小泉信三（1923a）「社会政策の経済原理――Pigou, The Economics of Welfare を読む」『小泉信三全集』第二巻、一九六八年、一七一―一九四頁所収、文藝春秋社。

――（1923b）「震災所見」『小泉信三全集』第二巻、一九六八年、四四六―五四頁所収、文藝春秋社。

――（1923c）「復興経済問題」『婦人公論』大正一二年「自然の反逆」号。

――（1913）「経済学の理論」『小泉信三全集』第二四巻、一九六九年、一三三―五四四頁所収、文藝春秋社。

鈴木正俊（1999）『昭和恐慌史に学ぶ』講談社。

住谷悦治（1974）『随想大学総長の手記』鹿島研究所出版。

――（1978）「宣治さんの生きた時代」『山本宣治の生涯』同志社山宣会編・発行所収。

外岡英俊（1997）『地震と社会・上』みすず書房。

高橋亀吉・森垣淑（1993）『昭和金融恐慌史』講談社。

高橋洋一・田中秀臣・田村秀男・三橋貴明・若田部昌澄・上念司（2011）「「徹底討論！　日本経済復活のシナリオ」『正論』七月号。

竹森俊平（2006）『世界デフレは三度来る』（上巻）講談社。

田中秀臣（2001）『沈黙と抵抗――ある知識人の生涯、評伝・住谷悦治』藤原書店。

――（2004）「経済問題にかかわる雑誌ジャーナリズムの展開」『昭和恐慌の研究』（岩田規久男編）、一四三―一六六頁、東洋経済新報社所収。

――（2006）『経済政策を歴史に学ぶ』ソフトバンククリエィティブ。

――（2011a）「大震災の経済学を展望する――復興のための論点は何か」ソフトバンクビジネス＋ＩＴ　五月一六日掲載　http://www.sbbit.jp/

――（2011b）「財務省と日銀が引き起こす〝震災恐慌〟」『月刊宝島　日銀の大罪』宝島社。

――（2011c）「東日本大震災後の経済を考える――高橋亀吉から学ぶべきこと」稲門経済倶楽部　平成二三年総会講演会議事録より http://real-japan.org/2011/11/29/711/

――（2012）『福田徳三論』近刊予定。

田中秀臣・上念司（2011）『震災恐慌！』宝島社。

――（2012）『「復興増税」亡国論』宝島社（田中・上念（2011）の改訂版）。

中山伊知郎（1973）「福田博士と統計学」『中山伊知郎全集　第二巻』講談社所収。

福田徳三（1924/1926）「厚生経済の原理及若干の問題」『経済学全集』第六巻、同文館所収。

松尾尊兊（1995）「吉野作造の朝鮮論」『吉野作造選集』第九巻所収、岩波書店。

山川均（1923）「復興問題と社会主義政策」『山川均全集』第五巻所収、勁草書房。

山口昌男（2005）『「挫折」の昭和史』上巻、岩波書店。

若田部昌澄（2004）「「失われた一三年」の経済政策論争」『昭和恐慌の研究』（岩田規久男編）、六三―一一六頁、東洋経済新報社所収。

Pigou, A. C.（1920）The Economics of Welfare, Macmillan.（邦訳『厚生経済学』永田清監訳、東洋経済新報社、一九五三年）。

――（1921）The Political Economy of War, Macmillan.（邦訳『戦争の経済学』内山修策訳、実業之日本社、一九四四年）。

日本を建て替えよう――あとがきにかえて

本書の題名――「日本建替論」――は、二〇年以上に及ぶ長期停滞で疲弊した日本の経済そして社会のあり方を根底から見直すためにつけられた題名である。「日本のいまの状況を立て直したい」「将来の人たちのためにいま目前にあるリスクを解消したい」という著者三人の思いが凝縮された題名である。

東日本大震災はわれわれ日本社会に深刻で将来も長く続く影響を与えたことは言うまでもない。震災自体は天災である。だがその被害を時に拡大し、また避けられるであろうリスクを顕在化してしまうのは、不幸にも人為的なものだ。特に本書は、復興政策の経済的な側面を多様な角度から検討したものである。いままでの時代背景を踏まえ、そして国際環境の激変の中で、また私たち自身の意識の変容という文脈において、真摯に議論を重ねた。その記録である。

三者の問題意識と本書の目的については、麻木久仁子の手になる「はじめに」を参照していただくことにして、ここでは最近の日本がおかれた経済的状況について簡単にまとめておきたい。それが今後の震災復興政策自体の在り方を規定するからだ。

民主党を中核とする野田佳彦政権は、二〇一一年末から次第に増税をその政策の最優先課題に挙げだした。従来ここまで増税にこだわる政権はなかった。なぜ野田政権は、震災復興や経済の本格的な回復をなおざりにしてまで、増税政策に邁進するのだろうか?

その理由は、「平時の官僚的な発想を、非常時でもそのまま適用する」というひとことでまとめることができる。〇八年のリーマンショック以降の経済不況、そして三・一一の震災、これらの危機の前でも、政府と日本銀行という政策のツートップは、あくまでも従来の平時の思想に固執してしまう。本書の対談中でも何度も言及されているが、その方が官僚的な出世や既得権の維持に貢献するからだ。

政府（財務省の主計局）は、従来から「財政再建」のため消費税増税を狙っていた。日本銀行もまた、震災前からの「基本シナリオ」に固執して何もしていない。

前者の財務省主導の「財政再建」は、不況の中で行えばますます経済を停滞させ、それが税収の低下を生み出し、結果的に財政再建を遅らせてしまうことは、世界各国の状況をみても明白である。最近では、〝財政再建教〟の牙城ともいわれたＩＭＦのチーフエコノミストのオリヴィエ・ブランシャールが、二〇一一年の年末に、不況の中での財政再建（増税、政府支出の削減）の危険性を強調したのも、世界的な財政再建に対する見方の大きな変化を表すものだ。しかしそのような国際的な専門知の変化を、日本の政策当事者はまったく無視しているし、官僚の広報係にすぎない大手のマスコミもまた、不況の中での増税路線を後押ししている。まさに深刻な政策不況だ。

後者の日本銀行の何もしないスタンスはさらに異常だろう。本書の中でも、日本の長期停滞の主因が、この日本銀行のデフレの長期間の放置にあることを、三人の論者は共通認識として提起している。このような「平時の官僚的な発想」を続けていては、復興どころか本書で田村秀男が述べているように「ゆでガエル」的な〝恐慌〟に到る危険性を秘めている。

実は日本の歴史をみると、このような「平時の官僚的な思想」が大震災を契機として日本経済を苦境に陥れたケースが少なくとも二回ある。一つは一九二三年に起きた関東大震災であり、もう一つは九四年の阪神淡路大震災である。前者では、政府と日本銀行は「財政再建」に固執して緊縮財政や財界の整理を唱え、そして円高政策を容認した。それが後に一九二七年の金融恐慌、三〇年の昭和恐慌につながる。後者は、消費税増税と金融引き締め気味の日本銀行の政策によって、一九九七年の金融危機を招き、日本の「失われた二〇年」を決定的なものにした。いまの日本もこの二つのケースときわめて似た進路をたどっているように見える。この破滅的なコースを回避することがいまなによりも必要だ。本書では、特に経済・社会に与えた影響としては今回の東日本大震災と匹敵する関東大震災のときの「平時の官僚的な思想」と「危機の思想」との対立を分析し、経済学者や政策当事者の発言から今日的含意を読みとる田中秀臣の論説を収録してある。

ところで、いまの日本の経済状況を整理すると、それは大きく二つの特徴をもつと思われる。ひとつは、「ナイトの不確実性」に直面していること。もうひとつは、先に述べたデフレ型経済の継続である。

「ナイトの不確実性」とは何か。例えば、ふだんの天気予報は「曇り後雨、降水確率は六〇%です」という報じられ方をする。これはよくある「不確実性」だ。「ナイトの不確実性」はこれらの不確実性とは異なり、その出来事が起きる確率さえもわからない状態を意味している。つまり、予測不可能の事態といえるだろう。

今回の東日本大震災もまさに多くの国民にとって「ナイトの不確実性」の問題だった。想定をはるかに上回る津波の被害、そして原子力発電所のパーシャル・メルトダウン、それに引き続く計画停電や経済の大混乱。しかもこの「ナイトの不確実性」にいまだ私たちは直面しているのではないか。例えば原子炉の制御は東京電力の工程表通りにいくのだろうか、むしろ思わぬリスクが顕在化するのではないか。強い余震や東海大地震のような大規模地震が近いうちに起きるのではないか。またもっとも懸念されるのが、経済が想定外の危機的な状況に陥ることだ。その最大の震源は、ユーロ圏ではなく、実は日本の経済政策の在り方そのものである、というのが本書の強いメッセージだろう。「ナイトの不確実性」に日本経済が直面しているとすれば、政府やメディアがとりあげている増税主義は、本書でも何度も強調されているように、むしろ「ナイトの不確実性」を現出してしまう可能性に寄与しないだろうか。

しかし政府とその周囲の学者やエコノミストたちは、早急な「財政再建」に邁進し、その財源を消費税増税で補おうとしている。これは二重のミスだ。まず「ナイトの不確実性」の下では、経済損失そのものの確定が困難である。さらに、消費税収は、単純化すれば一定の消費税率を消費額にかけたものである。ところが予測不可能な経済危機が生じれば、消費額が予想を超えて縮小する可能性がある。これでは財政再建のための資金調達とはいえなくなる。しかもそもそも消費税を課すこと自体がそのような予測不可能な経済危機を招きかねない。阪神淡路大震災のときも、消費税増税は経済全体を減速させ、しかも被災地であった兵庫県は全国平均よりも経済状況が悪化した。

この緊縮財政のスタンスは、先ほども指摘したが財務省を中核とした政府の「平時の思想」である。では、なぜ経済的な苦境にあるときにも、このような緊縮財政のスタンスが採用されるのだろうか? 多くの読者が想像するような「後の世代に借金を残さないため」とか「財政破綻を回避するため」というものではない。その理由は、簡単にいうと「天下り」や自由裁量権の確保にある。

世界的にも有名な公共経済学者の柴田弘文氏によれば、財務省は不況になると緊縮財政を採用することが一般的であるという。不況になると税収減が予想され予算総額が圧縮されるので、予算配分を通じた各省庁への影響力が行使できなくなる。また不況において国債発行を増額すべし、という要求が増えるのも好ましくない。なぜならそれは将来返済する「固定費」を増やすことで、税収減と同じように財務省の将来の天下り先や省庁への影響力を削減してしまう。そのために不況期にあえて増税という手段が好まれる。ましてやいまの民主党政権は官僚たちの天下りを事実上解禁しているといっていい。財務省が自らの権益を最大にするためには都合のいい政権であり、またこのことからもわかるように、財務省の行動原理に「日本のために」という文字はない。

さて「ナイトの不確実性」の次に、日本経済の現在の状況を表しているものが「デフレ型経済」だ。物価が継続的に下がっていくことを「デフレーション（デフレ）」という。デフレは日本の経済を混乱させ、弱体化させてしまうので、そうならないよう物価を適度な水準に保つことが、日本銀行の目的となっている。しかし、日本銀行はこの目的を長期にわたって果たしているとはいえない。たとえば日本では一〇年以上にわたって「デフレ」が定着している。特に二〇〇八年九月のリーマンショック以降は、その勢いが加速度的に速まっている。いま現在でもデフレは継続中である。まるでデフレが継続しても、経済がスパイラル的に悪化しないかぎり、日本銀行は自然に自分たちの予想通りに経済が動くと診断しているようだ。

デフレは、たとえわずかなものであっても、経済に深刻な悪影響をもたらす。デフレになると企業の利益が落ち、人々の収入も上がらず、倒産件数や失業率は上昇する。政府の税収は落ち込む一方で、景気対策のために支出を増やさなくてはならないので、財政危機が深刻にもなる。デフレが進むと円高も進行してしまう。その結果、輸出産業が窮地に陥いることになる。また円高は「産業の空洞化」といわれる現象を加速する。企業は生産の場を海外に移してしまい、さまざまな製造業の現場が海外に流出し、とりわけ工場の国内の受け皿となっていた地方経済には影響が大きく、地方の若者は雇用の場を失ってしまう。ただでさえ震災の影響が出ている東北の経済は、デフレ＝円高によって致命的な被害を受けかねない。また被災地の住民の多くは家や農地などの資産を喪失したが、負債はそのまま残っている。この負債はデフレとともに実質的な負担額を増加させてしまう。

このようなデフレ型経済を脱却するには、日本銀行が金融緩和をしなくてはいけない。しかし日本銀行の「平時の思想」は「何もしないこと（事実上の引き締め）」である。実際に、金融緩和の姿勢を示す指標のひとつである日本銀行のバランスシートの拡大のペースは、実に遅い。

政府（財務省）と日本銀行のこの「平時の思想」をいかに打破するかに、震災復興の今後が決定的にかかっている。増税や金融引締めをやめさせ、積極的な財政政策と金融政策で「ナイトの不確実性」とデフレに立ち向かうこと、これが今望まれている。そのための処方箋として、本書では、日本に存在する余剰資金一〇〇兆円の有効な活用、そのための日本銀行による量的緩和の拡大を、田村秀男は特に主張している。

もちろん単に量的緩和だけではなく、同時に政府と日本銀行が協調して、経済の規模をある一定の水準で維持し続けること（例えば名目経済成長率を年四％以上に保つこと）に積極的に公約し、それが遵守できないときは制度的なペナルティを課すことをも考慮すべきだろう。しかし、政府の官僚も日本銀行の幹部・職員たちも、そのような責任を回避することに血道をあげている。この「平時」にこだわる異常な官僚的心性との闘い、これこそが本書の「日本建替」の最も重要なテーマである。

平成二四年一月二五日

田中秀臣

著者紹介

麻木久仁子（あさぎ・くにこ）

1962年生。タレント。学習院大学法学部中退。クイズ番組や情報バラエティ番組などに出演。現在，TBSラジオ「麻木久仁子のニッポン政策研究所」（毎週土曜日朝5:05から）が放送中。おすすめ本を紹介するサイト「HONZ（http://honz.jp/）」の「HONZ倶楽部」ではブックレビューを担当。

田村秀男（たむら・ひでお）

1946年生。産経新聞特別記者・編集委員兼論説委員。日経新聞ワシントン特派員，米アジア財団上級フェロー，日経香港支局長，編集委員，日本経済研究センター欧米研究会座長等を歴任。著書『人民元・ドル・円』（岩波新書）『円の未来』（光文社）『国際政治経済学入門』（扶桑社）『世界はいつまでドルを支え続けるか』（扶桑社）『「待ったなし！」日本経済』（李白社）『人民元が基軸通貨になる日』（PHP研究所）など。最近著は『財務省「オオカミ少年」論』（産経新聞出版，2011年12月）。

田中秀臣（たなか・ひでとみ）

1961年生。上武大学ビジネス情報学部教授。早稲田大学大学院経済学研究科博士課程修了。著書に『沈黙と抵抗――評伝・住谷悦治』（藤原書店）『昭和恐慌の研究』（共著，東洋経済新報社）『経済論戦の読み方』（講談社）『経済政策を歴史で学ぶ』（ソフトバンク）『不謹慎な経済学』（講談社）『雇用大崩壊　失業率10%時代の到来』（NHK出版）『デフレ不況』（朝日新聞出版）など。最近著は『「復興増税」亡国論』（上念司との共著，宝島新書，2012年1月）。

日本建替論《にほんたてかえろん》——100兆円《ちょうえん》の余剰資金《よじょうしきん》を動員《どういん》せよ！

2012年2月29日　初版第1刷発行©

著　者　麻木久仁子
　　　　田村秀男
　　　　田中秀臣

発行者　藤原良雄

発行所　株式会社　藤原書店

〒162-0041　東京都新宿区早稲田鶴巻町523
電　話　03（5272）0301
FAX　03（5272）0450
振　替　00160-4-17013
info@fujiwara-shoten.co.jp

印刷・製本　中央精版印刷

落丁本・乱丁本はお取替えいたします
定価はカバーに表示してあります

Printed in Japan
ISBN978-4-89434-843-1

「アジアに開かれた日本」を提唱

新版
アジア交易圏と日本工業化
〈1500–1900〉

浜下武志・川勝平太編

西洋起源の一方的な「近代化」モデルに異議を呈し、近世アジアの諸地域間の旺盛な経済活動の存在を実証、日本の近代における経済的勃興の要因を、そのアジア交易圏のダイナミズムの中で解明した名著。

四六上製　二九六頁　二八〇〇円
（二〇〇一年九月刊）
◇978-4-89434-251-4

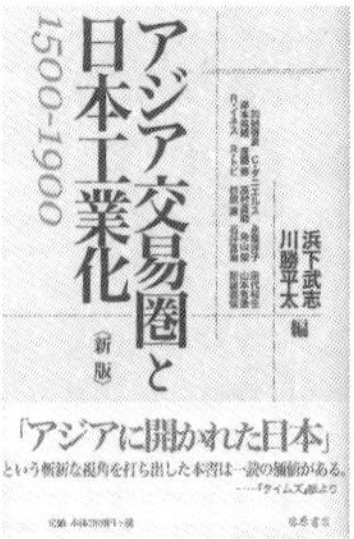

西洋中心の世界史をアジアから問う

グローバル・ヒストリーに向けて

川勝平太編

日本とアジアの歴史像を一変させ、「西洋中心主義」を徹底批判して大反響を呼んだフランク『リオリエント』の問題提起を受け、気鋭の論者二十三人がアジア交易圏からネットワーク経済論までを駆使して、「海洋アジア」と「日本」から、世界史を超えた「地球史」の樹立を試みる。

四六上製　二九六頁　二九〇〇円
（二〇〇二年二月刊）
◇978-4-89434-272-9

「西洋中心主義」徹底批判

リオリエント
〈アジア時代のグローバル・エコノミー〉

A・G・フランク　山下範久訳

ウォーラーステイン「近代世界システム」の西洋中心主義を徹底批判し、アジア中心の単一の世界システムの存在を提唱。世界史が同時代的に共有した「近世」像と、そこに展開された世界経済のダイナミズムを明らかにし、全世界で大反響を呼んだ画期作の完訳。

A5上製　六四八頁　五八〇〇円
（二〇〇〇年五月刊）
◇978-4-89434-179-1

ReORIENT　Andre Gunder FRANK

新しいアジア経済史像を描く

アジア太平洋経済圏史
〈1500–2000〉

川勝平太編

アカデミズムの中で分断された一国史的日本経済史と東洋経済史とを架橋する「アジア経済圏」という視座を提起、域内の密接な相互交通を描きだす、十六人の気鋭の研究者による意欲作。

A5上製　三五二頁　四八〇〇円
（二〇〇三年五月刊）
◇978-4-89434-339-9

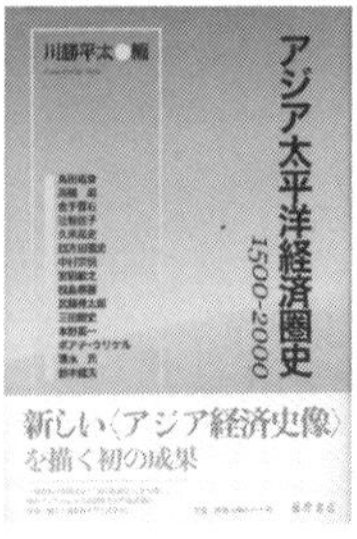

レギュラシオン理論の旗手

ロベール・ボワイエ（1943-　）

マルクスの歴史認識とケインズの制度感覚の交点に立ち、アナール派の精神を継承、さらには、ブルデューの概念を駆使し、資本主義のみならず、社会主義や南北問題をも解明する全く新しい経済学＝「レギュラシオン」理論の旗手。現在は、数理経済計画予測研究所（CEPREMAP）および国立科学研究所（CNRS）教授、ならびに社会科学高等研究院（EHESS）研究部長として活躍。「制度諸形態」「調整様式」などの概念と共に、制度論的視角を持ったマクロ経済学として生まれた「レギュラシオン」を、最近の諸学派との切磋琢磨を通じ、「制度補完性」「制度階級性」「制度的多様性」「制度的変容」などの論点を深化させている。
